湛庐 CHEERS

与最聪明的人共同进化

HERE COMES EVERYBODY

[美]埃利奥特·阿伦森
Elliot Aronson
沈捷 译

阿伦森自传

Not by Chance Alone

My Life as a Social Psychologist

浙江科学技术出版社·杭州

你了解让阿伦森醉心的社会心理学吗？

扫码加入书架
领取阅读激励

扫码获取全部测试题及答案

- 外部对你的评价会影响你的自我概念，从而影响你的行为。这属于心理学范畴内的哪个概念？
  A. 认知偏差
  B. 认知失调
  C. 自我实现预言
  D. 自我说服

- 阿伦森对费斯廷格的"认知失调"理论进行了微小的修订，他认为，"认知失调"是指（ ）
  A. 对同一事物产生两种相互矛盾的观点
  B. 对自我产生两种相互矛盾的认识
  C. 个人行为和自我概念态度的不一致
  D. 我们学到的知识和实际运用之间的差异

- 人们不受遗传和儿时不愉快经历的束缚——这是社会心理学建立的前提假设吗？
  A. 是
  B. 否

扫描左侧二维码查看本书更多测试题

Not By Chance Alone
赞 誉

  阿伦森以自己真实而深刻的人生故事勾勒出一个普通人追逐梦想的壮丽画卷。他毫不掩饰地分享了自己的挫折和失败，也向我们展现了如何从中汲取力量和智慧，最终获得了辉煌的成功。这本书不仅讲述了一位心理学大师的成长之旅，更像是一面镜子，反射出每个人都拥有能够战胜困难、实现理想的力量。

彭凯平

清华大学社会科学学院院长

中国国际积极心理学大会执行主席

  社会心理学是现代社会科学中最富有魅力的学科之一。鉴于社会心理学家既是人类社会行为的观察者和研究者，又是社会生活中的行动者，我们完全有理由相信，社会心理学家既是一种现代职业或谋生手段，又是一种独特的生活方式。正如阿伦森所言，每一位杰出的社会心理学家都生活在社会的激流之中，他们醉心于研究每个人是如何受到社会生活的影响和改变的，而他们本身也最为充分地体现了这种影响和改变，这使得他们的人生对普通人充满巨大的吸引力。他们对人类行为的关注，使得他们本人的行为看起来尤为浓墨重彩、特立独行。

  感谢埃利奥特·阿伦森，不仅感谢他发行千万册的畅销著作《社会性动物》，以及堪称鸿篇巨制的《社会心理学手册》对这一学科的卓越贡献，而且感谢他平凡却精彩的人生带给我们的精神享受和人生启迪。就像本书原英文书名 Not by Chance Alone（直译意为"绝非偶然"）一样，在80年的人生岁月中连续经历经济大萧条、第二次世界大战、麦卡锡猎巫运动、人权运动、性解放运动等一系列历史事件，恐属历史之偶然，但从这一系列事件中汲取文化之养料成其大业，则是世上少见的历史弄潮儿才能够把握的人生之必然；在短暂的求学生涯中，有幸师从马斯洛、麦克莱兰和费斯廷格三位心理学大师，恐属人生之偶然，但在大师的肩膀上更上一层楼，则是精神进取者目标之必然。事实上，社会心理学领域有无诺贝尔奖并不重要，重要的是成功者都有和诺贝尔一样，甚至胜过诺贝尔的精彩人生。

周晓虹

南京大学人文社会科学资深教授

国务院社会学学科评议组成员

先读其书，再寻其人。因读了《社会性动物》和《社会心理学》而知道了阿伦森，因知晓他是当代最杰出的社会心理学家而想了解其生活。Not by Chance Alone（绝非偶然）将其一生的成功做了很好的概括。机遇是给有准备的人的，聪明人就是比别人能够更准确地把握机遇的人，阿伦森就是这样的人——具备成功者的智慧、勤奋、坚韧、乐观的人格品质。

许燕

北京师范大学心理学部教授

一个天资普通、性格腼腆的"笨小子"，在相对贫穷、父母吵架的家庭中长大，后来却成为哈佛大学心理学教授和世界著名的社会心理学家。阿伦森用自己的一生展示了社会心理学的本真意义：无论是个人还是社会，通过积极的人际互动和对生命中每一个"此时此刻"的珍视，都可以收获美好。就像阿伦森的经历，虽然某一刻"失去了"心仪的女孩，却找到了心理学这个"天堂"。

佐斌

中国社会心理学会会长

中山大学心理学系主任、教授

科学家通常相信，世界万事万物的运行都有着一定的模式、机制或者规律，而他们的任务就是揭示这背后的机理。当他们回顾自己的一生，自然也会试图从人生的"偶然"之中寻找某种"非偶然"，或者说"必然"。社会心理学家就更是如此，他们一辈子都在探索人与社会环境之间的互动，在书写自传时，便将这些理论贯彻于人生故事的分析与描绘。

《阿伦森自传》的英文原书名是 Not by Chance Alone，直译为"并非只有偶然"，暗示着"偶然"其实也必然地发挥着作用。聪明如阿伦森，他一定知道，人生的路径"偶然"而独特。这很像我们中国人所相信的那样，人生是"因缘和合"的结果。因此，读《阿伦森自传》，就要学习阿伦森师从社会心理学大师，但又超越这些大师的精气神，要读出如何成就你自己"并非只有偶然"的人生之路。

张建新

中国科学院心理研究所副所长

作为在世的最伟大的社会心理学家，尽管阿伦森把自己的成就归于机遇和选择，但在我看来，他之所以有如此大的影响力，最重要的原因在于他的责任感。他所探讨的话题都和促进人类和谐有关，不论是认知失调的减少，还是种族偏见的克服，都体现了他的睿智和责任。在当下社会心理学研究娱乐化的背景下，阿伦森让我们明白：社会心理学只有从研究社会问题出发，才能展现出永恒的生命力！

侯玉波

北京大学心理与认知科学学院教授

中国心理学会人格专业委员会主任

北京心理学会秘书长

社会心理学是一门特别吸引人的学科，无论是内行还是外行，都会觉得它的内容很有趣。同时，它也是一门适合所有人学习的学科，因为它探讨的就是我们在日常生活中每天都会接触的现象，所有人都能够从它的结论中受益。

阿伦森是一位当之无愧的社会心理学大师，既是一位天才的实验家，也是一位具有人文情怀的心理学传播者，在这门年轻学科的历史上留下了不可磨灭的印记。本书为我们提供了一个非常宝贵的机会，得以一窥大师的心路历程，这种第一手叙述具有特别的价值。我把这本书推荐给每一位对心理学感兴趣，或是想一窥心理学家生活样貌的人。

王非
清华大学心理学系副教授

阿伦森是讲故事的高手，他如行云流水般在那些影响他人生道路的事件和人物中穿梭，将自己的成长经历娓娓道来。这一切绝非偶然，皆源自他自身的伟大，而与命运好坏无关。

菲利普·津巴多
美国心理协会前任主席
畅销书《不再害羞》作者

如果社会心理学界有诺贝尔奖，我相信埃利奥特·阿伦森一定是第一位获奖者。

加德纳·林齐
《社会心理学手册》主编

埃利奥特·阿伦森以他一贯的风格，在跌宕的人生故事中沉淀出深刻的人性感悟。

罗伯特·西奥迪尼
畅销书《影响力》作者
美国亚利桑那州立大学营销学名誉教授

这不仅是一部社会科学家充满温情与智慧的自传，也十分坦率、详尽地记叙了重大的新理念是如何诞生、成熟和推广应用的。有些章节是关于阿伦森和利昂·费斯廷格友谊的叙述，对于渴望触及社会心理学核心的人来说，这些是必读的章节。

李·罗斯
美国斯坦福大学心理学教授

Not By Chance Alone
推荐序

读大师的故事，想自己的人生

迟毓凯

华南师范大学应用心理学系副教授

钱锺书先生的《围城》再版以后，又被拍成了电视剧，在国内外引起很大轰动，也让更多的媒体对他产生了兴趣。有一天，一位英国女记者好不容易才打通他家的电话，恳请钱老让自己登门拜见。钱老一再婉言谢绝却没效果，于是就对那位英国女士说："你看了《围城》后，可能会像吃了一只鸡蛋那样，觉得不错，但是，你又何必认识下蛋的母鸡呢？"

钱锺书虽然礼貌地拒绝了女记者的探访，但是很明显，这种拒绝并不能平抑民众对名人那颗"八卦"的心。文学界这样，心理学界亦如此。读到弗洛伊德惊世骇俗的"性本能理论"，谁不想知道一下理论背后的传奇故事？看完马斯洛充满温情的高峰体验解读，谁不想了解一下作者的心路历程？反过来，通过对研究者真实人生的了解，亦可以提升我们对其理论观点的认识。还记得那部反映弗洛伊德与荣格关系的影片《危险方法》吧，看过影片的人明显复习了一遍精神分析最初的发展史。

当然，更多的心理学家的人生不像弗洛伊德和荣格那样充满传奇色彩，但他们的经历依然对后来者充满启示意义，埃利奥特·阿伦森就是这样一位值得你了解的当代著名社会心理学家。

阿伦森是典型的好老师教出的好学生。他本科时的导师是马斯洛，硕士时的导师是麦克莱兰，博士时的导师是费斯廷格。当然，阿伦森最后的成就也丝毫不逊于他的几位导师，他的研究是经典社会心理学必不可少的组成部分，他也是美国心理协会110年历史上唯一一位获得全部三项大奖的心理学家：杰出研究奖、杰出教学奖和杰出著作奖。

这一切是怎么发生的？他是如何与名师结缘，如何研究、教学和著述，又如何屡屡获奖的？是他人好，还是命好？他在自己的传记中给出的答案就如同本书的原英文书名 *Not by Chance Alone*（绝非偶然）。

笔者在教学中常常提及一个引发大家思考的心理学观点：伟人的小缺点让他更招人喜欢，庸人的小毛病让其更招人厌恶。这个观点其实就源自阿伦森的一个经典实验：他让一些人评价访谈录音中的人物，结果发现，相对于一个毫无缺点的人，人们对一位优秀但却笨拙地打翻了咖啡的人评价更高。而这一研究的缘起，正是因为在当时的古巴导弹危机中，肯尼迪总统决策失误，但民众对他的评价却提高了。可见，与众多

"两耳不闻窗外事,一心躲在实验室"的心理学家不同,阿伦森是一位研究内容关注社会、研究设计基于现实、研究结论超越常识的心理学家。他的研究及他本人受人喜爱毫不奇怪!

除了经典的研究之外,作为教师,我更推崇阿伦森的一点是他的文字表达。他的作品好读、易读,不愧为公认的"教学名师"。我第一次阅读他那本经典的教材《社会心理学手册》时,就惊讶于他竟能用一种讲故事的笔法,将心理学的精彩发现娓娓道来。这对于已经习惯了一般教材那种千书一面的笔者而言,无异于当头棒喝:心理学教材竟然可以如此贴近大众!教材都能这样写,自传的可读性更是毋庸多言了。虽然由于两种文字表达的巨大差异,译文不一定能百分百信达雅地传递阿伦森教授的本意,但你手上的这本书依然可以让你读起来爱不释手、兴致盎然。

当前国内出版的心理学家传记,以精神分析学派的研究者为多,他们的人生经历往往也迥异于常人。此外,由于成长背景的差异,他们的奇情奇遇,对于一个普通的心理学爱好者的个人成长难有更多的借鉴意义。与此不同,在这本书中,阿伦森用轻松愉悦的笔调,描述了一名实验社会心理学家是如何紧随时代背景,感应内心的召唤,与时俱进地读书、研究和生活的。他的故事,就是一名普通的、"正常的"学生成长为伟大的心理学家的故事。

因此,你可以:读大师的故事,学经典的研究,想自己的人生。

谨以此作献给我最重要的导师

贾森·阿伦森 Jason Aronson
亚伯拉罕·马斯洛 Abraham Maslow
戴维·麦克莱兰 David McClelland
利昂·费斯廷格 Leon Festinger
薇拉·阿伦森 Vera Aronson

Not By Chance Alone
中文再版序

跨越文化的对话

很高兴能为我的新版中文自传作序。我现在已经 90 多岁了，当回顾这本书的创作旅程时，我再次庆幸于能有机会和读者分享我一生当中获得的经验、见解和教训。

我很喜欢社会心理学家这个身份，因为社会心理学研究了人类处境的重要方面：爱、恨、攻击、偏见、从众、影响、沟通和合作等。我深信讲故事这一行为所带来的变革性力量，这也是我写这本书时内心深处的动机。我希望通过对自己生活的叙述，读者能获得一些人生灵感，或许还有对人类境况更深入的理解。

心理学，特别是我选择的这条社会心理学道路，对我来说始终是一次令人兴奋的探索和冒险。从早年学生时代挣扎于解决一些基本问题，到后来多年潜心实验，我所做的每一步都致力于理解人类认知和行为的复杂性。我一直试图回答的问题是：人类的思维是如何运作的？为什么人们常常做出不理性的行为？我们如何才能引导人们来以理性的方式行事，并以同理心、同情心和友善的态度对待他人？

随着这本书逐渐为中国读者所了解，我想到了人类经验的普遍性——尽管文化背景可能不同，但人性的核心方面总是保持不变的。我相信书中所体现的同理心、复原力、好奇心、开放心态和对知识的追求等主题，将跨越国界和文化与读者产生共鸣。

当各国人民团结起来，试图解决气候变化和流行病等全球性问题时，我们会不断地提醒自己，一直居住的美丽星球是多么渺小，以及增强对社会心理学的理解又是多么重要。因为只有如此，各国才能够共同努力，以实现人类的进步。

此外，本着促进跨文化对话的精神，我鼓励读者思考社会心理学对于个体生活和社会大环境的重要性。对人类认知和行为的研究需要超越地理界限的共同努力，我希望这一新版自传能够在中国知识界引发有意义的对话和讨论。

这本书是一本自传。虽然它主要关注了我作为社会心理学家的一生，但它也讲述了我作为儿子、兄弟、丈夫、父亲、朋友和同事的生活。此外，它还关注了运气、天赋和努力在一个人的人生中所起到的作用。我对薇拉——已经陪伴在我身边70多年的妻子能够一直在我身边生活、工作、并与我相亲相爱，感到非常幸运。我自始至终为儿孙辈和学生们的成就感到喜悦与自豪。他们一直是，并将永远是我最敬爱的老师。

中文再版序　跨越文化的对话

　　我向出版机构、译者以及所有帮助将这部作品带给中国读者的人们致以最深的谢意。我真诚地希望这本书能够成为一座连接不同文化思想的桥梁，并为探索人类的意义做出贡献。

　　感谢您，亲爱的读者，与我一起踏上这段旅程。我迫不及待地想知道书中所包含的想法和经验将如何在拥有丰富底蕴的中国思想和社会中产生共鸣。

向各位读者致以诚挚的问候，

Not By Chance Alone
中文版序

我的改变之路

很开心我的自传被译成中文,开心的原因你们很快就会知晓。

我当初是怀揣着并不高远的目标写作此书的,仅仅打算将其当作赠予孙辈的一份礼物。小孩子们很难想象他们白发苍苍的爷爷也曾年轻过,更没法想象安详如圣哲般的爷爷也经历过焦躁不安和失败的人生。我想让孙儿们明白,爷爷并非生来就是这么老的。我也想让他们对我毕生热爱的社会心理学有更深入的认识,而且希望向他们讲述自己和成了他们奶奶的女性自相识以来近 60 年的罗曼史——我们如何在大学里坠入爱河,并将那份浓情蜜意一直维系到今天。

最初,我仅希望孙儿们(也许还有少数心理学学生)会对此书感兴趣。但令我惊喜的是,拙作在美国和欧洲已拥有成千上万的读者。很多人写信告诉我，此书对他们颇具启迪意义，这让我万分开心。

回顾自己人生道路的大起大落，只觉得完全不可思议。我生于20世纪30年代经济大萧条时期。父亲没有受过良好教育，没有工作，也没有快乐可言。全家居住在城市贫民窟，常常食不果腹，取暖的钱也凑不够。年少时的我极其腼腆，在学校里，一旦被老师叫起来背诗或回答问题，我就会脸红、结巴，经常在难堪的沉默中煎熬。我讨厌上学，成绩也不好，觉得自己很笨。父亲在我17岁时因癌症去世，临终前，他对我这个既腼腆又毫无天赋的儿子的前途倍感忧虑。

然而父亲去世后不过10年时光，我已是一名教授，任教于全球最出色的大学之一。学生们蜂拥般挤进我的课堂，认为我是一位活力四射、能启迪他们心智的老师。在实验室里，我潜心设计和实施一个又一个实验项目，它们对年轻的社会心理学带来了重要影响，全面革新了有关人类思想和行为过程的认识。几年后，我发明的拼图课堂教学法不仅提高了孩子们的学习效率，也使他们在面对其他孩子时少一点偏见，多一点同情心。

奇迹是如何发生的呢？这是一本有关改变的书。它不仅讲述了我个人改变命运的故事，也描述了社会心理学学科的改变之路，这门学科研究个人的改变以及人们如何适应社会的巨大变迁。因此此书不仅讲述了一个男人的人生历程，也是社会心理学历史和发展的记载。

在我度过的岁月里，没有哪个国家经历着像中国这样的巨变。这是

中文版序　我的改变之路

自传中文版出版最令我兴奋之处。当中国社会在迅猛的变迁洪流中行进时，我衷心希望中国读者能在这一本有关改变的书中发现些许有用的，也许是颇受启迪的东西。

是戴维·麦克莱兰[1]，在斯坦福大学念博士时是利昂·费斯廷格[2]。在20世纪100位最杰出心理学家的排行榜上，他们三位都位列前15位。

如果单凭运气，一位学生能和三位如此优秀的导师共事的概率是极小的。我去布兰迪斯大学念书并非冲着马斯洛，而是因为当时只有布兰迪斯大学给我提供奖学金。走进马斯洛的课堂与他相识也纯属偶然。去卫斯理大学读研也是最后一刻才决定的，因为当时我临近毕业，却不知何去何从。去卫斯理大学之前根本没听说过麦克莱兰。当然，我也不是奔着费斯廷格去斯坦福大学的。事实上，在斯坦福大学的第一年我都对他避之不及。运气到底起了怎样的作用？怎样把握好一系列的机遇呢？

机遇明显偏爱我，但我同时爱上社会心理学和人类潜能开发并非偶然。我欣赏一种观点：人格和能力并非一成不变。我们的能力固然受遗传所限（我不可能像爱因斯坦一样聪明，也不可能拥有迈克尔·乔丹的运动天赋），但社会心理学建立在这样的假设之上：人们不受遗传和儿时不愉快经历的束缚。好实施补救措施的临床心理学会说："你儿时受过伤害，我们可以采取一点点补救措施。"讲求改变的社会心理学则会说："好吧，你有个糟糕的童年，让我们帮你改变环境，改变你的动机，给你一个新的机会，让你战胜自我，改变自暴自弃的态度和偏见。"

---

[1] 戴维·麦克莱兰（David McClelland）：美国社会心理学家，以对人的需求和动机研究闻名。曾提出著名的"三种需要理论"，认为人在工作中有三种需要：成就需要、权力需要和亲和需要。——译者注
[2] 利昂·费斯廷格（Leon Festinger）：美国社会心理学家，提出了著名的社会比较理论和认知失调理论。——译者注

人们能够成长并提升自我，这一理念着实令我兴奋。18 岁时的我，性格腼腆，资质平平，在既不富裕又缺乏教养的家庭中长大，后来却靠着奋斗超越了自我，接受了高等教育，寻找到出色的导师，点燃了生命之火。

母亲想让我以婚姻换廉价商店店主身份的做法固然有错，但我们家在经济大萧条时期的悲惨经历和身边诸多事例都令她不得不如此谨慎行事。刚进大学那会儿，我算不上前途看好的大学生，身上觅不到任何成功人士的痕迹。但假如我真的跟自己不爱的女人结婚，经营着自己毫无兴趣的小店铺，那么无论作为丈夫还是商人，我都是一个失败者。但母亲怎会料到，不久之后我就找寻到令自己倾心不已也为之贡献良多的学术领域？她又怎会料到，在芭芭拉之后我会遇到一位十分出色的女性，并与她琴瑟和谐地共度了 55 个春秋？

吸引我的两个心理学类别都源自美国——以严谨著称的实验社会心理学和比较随性的会心团体，这也并非偶然。早在 1835 年，才华横溢的法国历史学家、美国社会的观察家亚历克西斯·德托克维尔就在其传世名作《论美国的民主》（*Democracy in America*）中写道："他们一致相信，人生可以达到至善。他们断言，知识的传播必然产生有益的结果，无知将导致可悲的致命的后果。他们把社会视为一个不断进步的机体，把人生视为一幅不断变化的图画，其中没有什么是永久不变或应当永久不变的。今天看来很好的事物，明天就可能被更好的取而代之。"这是典型的美国信念，笃信改变和自我完善的力量，相信工人的儿子可以成为教授，人们能够克服根深蒂固的偏见，现实并非一成不变。这一信念不但成为我研究的重心，也主宰了我的人生。

50年的执教生涯里，我一直设法将以上理念传达给学生。为人师表之初我就意识到，这是自己所能赠予他们最珍贵的礼物。学生们不断自问："我是谁？"我则引导他们将这一问题重新建构成："我想成为什么样的人？"一旦找到答案并心想事成，他们一定也会体会到，理想的实现绝非偶然。

Not By Chance Alone
目 录

赞 誉
推荐序　　　读大师的故事，想自己的人生
中文再版序　跨越文化的对话
中文版序　　我的改变之路
前 言　　　 成就可能的自我

第一部分
起点：成长的环境

第 1 章　　/003
不被看好的笨小子 ■ 童年时期的自我觉知

无论儿时还是少年时代，我都特别腼腆。在学校我从不主动发言，若被老师点名回答问题，我总是结结巴巴，面红耳赤。相反，哥哥贾森则是"明星人物"，总是魅力四射。光彩照人的贾森仿佛是笼罩在我头顶的阴影，但我知道，就算移走这片阴影，露头的也不过是个资质平平、腼腆无趣的笨小子。

第 2 章　　/023
一次难得的自我肯定 ■ 我是谁

　　亚伯·肖走出办公室，询问助理喧闹声从何而来。"好像是埃利奥特把客人吆喝进来了。"助理报告道。"让那孩子当'话筒男'！"亚伯说。于是我开始从事招揽客人的工作，薪水提高到一小时1.5美元。这次经历让我肯定了自我，也让我倍感困惑：什么才是真正的我？也许有朝一日，我也能成为像哥哥那样的人。

第二部分
方向：自我的探索

第 3 章　　/041
投入心理学的怀抱 ■ 自我实现的渴望

　　一天下午，我陪一位迷人的女孩上课，无意中走进了亚伯拉罕·马斯洛的课堂，他正在讨论种族偏见的心理学特征。我听后震惊万分，他提出的问题正是10年前就困扰我的那些难题，此刻我才知道原来有一门学科能解答这些疑问。我着迷了，放开身边女孩的手，开始记笔记。那一刻，我失去了女孩，却找到了天堂。

第 4 章　　/067
毕生都想从事的事业 ■ 我想成为什么样的人

　　在卫斯理大学，我受邀为"心理学导论"课程做一次客座讲座。我花了整整一周时间备课，学生们听得甚是愉快，讲座结束时教室里响起了热烈的掌声。一位善解人意的同事直奔薇拉的办公室对她说："你丈夫的表现太出色了！"几分钟后我走进薇拉的办公室，拥着她说道："这就是我毕生都想从事的事业！"

第三部分
成长：研究的开端

第 5 章　　/093
发现天赋的实验之旅 ■ 无处不在的失调

我兴奋地意识到自己有了全新的发现——人如果经历千辛万苦才赢得某物，就会更加珍惜它。入门考验实验是我的第一个实验研究，也成为失调理论的一个经典实验。这一实验的完成也揭示出，我可能有某种天赋，能打造研究方法之匙，开启人类行为的神秘大门，我想人生中没有比这更让人激动的事了！

第 6 章　　/123
哈佛园中硕果累累 ■ 难以改变的自我认知

我本来只想对失调理论进行少许修正，最终却起到重要的完善作用，将失调理论从有关态度的理论转变成有关自我的理论。有关自我的信仰是人们最重要的认知，当我们的行为或态度与自我认知不一致时，就会产生最痛苦的心理失调，这种失调促使我们通过改变态度和行为来维持自我观念。

第四部分
变革：喜恶的答案

第 7 章　　/167
永失至亲，偶得密友 ■ 为什么人们会彼此喜欢

我们的研究成果在社会心理学家中影响很大，被称作"失态效应"。从那以后，每当我的研究生在实验室里搞砸某些事

时，总会狡辩说："我是故意这么做的，这样你就会更喜欢我了！"我则会回答说："但在犯错之前，你最好确保一开始做的是近乎完美的。"

第8章　　/203
社会变革的风口浪尖 ■ 种族偏见可以消除吗

拼图课堂效果显著，不同种族学生之间表现出更多的友爱，少数族裔学生的自尊心增强，考试成绩也有提高。这一研究表明，偏见可以消除，不同种族的孩子可以学会相互喜欢。小时候我常常问自己：为什么犹太人被人歧视，如何才能让他们喜欢我……今天，我终于用科学的方法，给了自己一个满意的答案。

第五部分
回归：人生的起落

第9章　　/233
最后的风波与华丽退场 ■ 如何诱导他人自我说服

预防艾滋病的措施从医学问题变成了社会心理学问题：如何说服人们在性行为时使用避孕套。我们成功研究出虚伪范式，并产生了许多有趣的假设。但我想让其他学者来验证这些假设。一旦虚伪研究完成，我将华丽地退出江湖，就像资深棒球手梦想着打出最后一个全垒打，以此结束自己的职业生涯。

第10章　　/257
人生犹如过山车 ■ 怎样对待人生中的不完美

我已经坐了78年过山车，每一段经历我都喜欢。有时骤然坠落，比如失明和有所失时；有时欢欣鼓舞，比如获得重要的科学发现时。如果非要我选择最喜欢的一段，我会说：此时此刻。

译者后记　　/271

Not By Chance Alone

第一部分
起点：成长的环境

> 我总是遗憾未能对父亲有更多的了解，有时我在想，如果他活到耄耋之年，看到不长进的儿子总算有所成就，是否最终会以我为傲，跟我说他的心里话，讲述他的人生故事呢？但也许正是因为父亲的死令我得以解脱，最终才得以成为他认定我无法企及的人。

Not By Chance Alone

第 1 章

不被看好的笨小子
■ 童年时期的自我觉知

无论儿时还是少年时代，我都特别腼腆。在学校我从不主动发言，若被老师点名回答问题，我总是结结巴巴，面红耳赤。相反，哥哥贾森则是"明星人物"，总是魅力四射。光彩照人的贾森仿佛是笼罩在我头顶的阴影，但我知道，就算移走这片阴影，露头的也不过是个资质平平、腼腆无趣的笨小子。

父母总爱向别人讲述自家孩子的故事，但他们并未觉察到孩子们也在竖着耳朵听。记得最早有关我的一个故事发生在我一岁左右。母亲经常不厌其烦地把这个故事讲给朋友们听。某个大冷天，母亲把我放在婴儿车里推去公园玩。"其他宝宝的脸颊都浮现出健康红润的颜色，"她说道，"可埃利奥特却冻得脸色苍白，嘴唇发青。他就是这样一个一脸病容的孩子。"每每听到母亲提及此事，我都能感受到她的尴尬，因为我没能像其他母亲的宝宝那样漂亮，这让我心生歉意。

出生于贫民区

1932年我出生在马萨诸塞州切尔西。这是一座贫民聚集的城市，隔着米斯蒂克河，与波士顿遥遥相望。切尔西城里布满了垃圾场、二手衣店和储油罐。我三岁时全家搬到邻近的里维尔，那里也是一个贫民聚集地。由于坐落在萨福克·唐斯赛马道和万德兰赛狗道之间，里维尔市里随处可见小本钱的赌徒、赌马人和形形色色的粗鄙之人。这里的主要产业就是赌博。但里维尔的优势在于它是一座海滨城市，拥有一个不错的浴场和一条木板道，还有一个货真价实的木质过山车。我对年轻人的建议是，如果你不得不住在贫民区，务必选坐落在海滨的地方。

喜剧演员山姆·莱文森（Sam Levenson）回忆他在布鲁克林度过的孩提时代时，对埃德·沙利文[①]说："那时我们其实很穷，但我们自己并没有意识到。"这句感人肺腑的话语却与我的经历不符。我们贫穷过，而且完全知晓。对那段经历，我有着深刻的记忆：没有供暖设备的严冬，为了驱除寒意，我们饿着肚子早早上床，用毛毯和大衣把自己裹得严严实实；没钱修补鞋底的破洞，我只能把硬纸板塞进鞋里；没钱买新衣，总是穿哥哥嫌小的旧衣服。我记得有一次因为拖欠房租，我们被迫半夜搬家。我还记得因为经济拮据和父亲无力养家糊口这类问题，父母声嘶力竭地争吵。

我父亲名叫哈里·阿伦森，1909年他8岁时全家从俄罗斯移居美国。13岁时他辍学了，在波士顿推着一辆手推车沿街叫卖袜子和内衣。后来他挣到了足够多的钱，开了一家小服装店，改为在柜台后兜售袜子和内衣。我母亲叫多萝西，在10个兄弟姐妹中排行老大，他们都出生在美国。母亲的父母也是俄罗斯移民，其父本·范戈尔德是个裁缝，靠着经营一家名叫"范戈尔德店——最棒！"的男式晚礼服出租店，逐渐跻身

[①] 埃德·沙利文（Ed Sullivan）：美国电视节目主持人，因主持《埃德·沙利文秀》而闻名。——译者注

中产阶级。母亲的几个弟弟靠着努力工作摆脱了贫穷，分别成为医生和小业主。

我父母在 1927 年结了婚。从两方面来考虑，母亲都觉得自己下嫁了：一来，父亲连小学五年级都没念完，母亲却一向以自己的高中毕业学历为傲；二来，父亲是新移民，而母亲出生在美国。不过当时母亲已经 27 岁了，那年头这种年纪很难找到丈夫，况且哈里还是一位家底殷实的服装店老板，还开着一辆新款轿车。婚后不久，父亲就买下了第二家店面。那段时间他们过着富足的生活。对于从手推车叫卖起家，到拥有自己店铺的奋斗经历，父亲倍感自豪。他们的第一个孩子贾森出生于 1929 年，时值美国股市大崩盘后不久。我出生于 1932 年，6 年后有了妹妹葆拉。

1935 年经济大萧条最严重的时候，父亲的商店倒闭了，银行没收了我们抵押的住所，我们变成了穷光蛋。直到美国参战后很长一段时间，我们都在贫困中挣扎。伴随着物质匮乏，我们也成了精神上的穷光蛋。父母对任何观点或思潮都提不起兴致，他们从不讨论政治、音乐、艺术、历史或时事。尽管母亲自恃高中毕业，我却从未见她读过一本书。家里仅有的书籍是《圣经·旧约》和一些希伯来语祈祷文。母亲的主要消遣是收听日间肥皂剧广播，特别是《海伦·特伦特的罗曼史》(*Helen Trent*)、《女孩桑迪》(*Our Gal Sunday*) 和《凡人比尔，哈特维尔镇的理发师》(*Just Plain Bill, Barber of Hartville*)。父亲的主要消遣则是赌博。不幸的是他赌瘾很大，什么都赌，赌马、赌狗、赌棒球赛，甚至还赌三分钟内将有多少辆轿车经过雪莉大街和北肖尔路的拐角。

母亲一直不能原谅父亲让全家沦落到一贫如洗的境地，她将之归咎于父亲好赌以及缺乏经商才能。商店已经赔钱了，父亲还不肯解雇员工，而且依然习惯性地赊账给好赖账的顾客。"一旦这些家伙挣了钱，就会到别家商店购物，根本不用和你打照面！"母亲斥责父亲道，"况且自己家都三餐不继，你哪有钱给员工发工资？"

父亲则将家境贫穷归咎于经济大萧条，他的蓝领顾客们丢了饭碗，所以不得不赊账。我10岁那年，父亲曾试图向我解释他的观点："我还有别的选择吗？他们是我仅有的顾客。他们真的没钱！如果我不允许他们赊账，我就会失去所有顾客。再说，我怎么忍心解雇那些为我工作、依赖我过活的员工啊？"父亲认为是这些原因导致他没钱付租金，所以才丢了商店。我不能确定，父亲到底是不是那场席卷全球的经济大萧条的受害者，如果他不嗜赌，又会做生意，没准儿就不会变得一贫如洗。

家庭由富变穷的事实令母亲感到无比羞耻和难堪。在经济大萧条时期，父亲的大哥阿伦设法保住了自己的店，母亲的父亲本也千方百计将礼服店维持了下来，母亲很纳闷，为什么唯独自己的丈夫丢了商店呢？

我不敢想象母亲接受救济时的心情，然而这是全家唯一的活路。我能理解她为何总是忧愤不已：马萨诸塞州的冬天十分寒冷，家里却没钱取暖；要抚养三个幼小的孩子，而家里所有人都饿着肚子；偶尔有亲戚来访带来一袋苹果或橘子，就会令全家人兴奋不已。母亲不得不放下自尊，每周一次穿过小城到救济站排队领面包和麦片。三岁的我跟着母亲一起去。我坐在婴儿车里被母亲推着去救济站，回来时就跟她一起走路，因为车里装满了救济食品。我不知道自己是真的记得这些事情，还是母亲讲述的故事建构出了这段记忆。

母亲常用一个事例概括那些年她所承受的屈辱。父亲的大哥阿伦伯伯和太太戈尔迪都在他们家的服装店工作。那年是1937年，我即将上小学。母亲推着手推车去东波士顿阿伦伯伯的店里给我和贾森买校服。戈尔迪在柜台旁把衣服包好递给母亲。母亲一边接过衣服一边跟她说："戈尔迪，我们现在没钱，但我保证几个月后一定把钱付上。"戈尔迪立刻从母亲手上抢回那包衣服，说道："你把上次那包衣服的钱付清了再来拿这些衣服吧。"母亲见状目瞪口呆。

这件事她翻来覆去地唠叨了很多遍，还给我们表演戈尔迪是如何从她手里抢回衣服，塞进柜台，双手抱在胸前，一动不动地站在那里。阿伦伯伯，一位懦弱的小个子男人，一声不吭地目睹了整个过程。他不敢跟太太唱反调，只能躲避母亲的目光。母亲总以这几句话作为故事的结尾："那包衣服里没有任何一件是我自己要买的衣服，也没有什么值钱货，不过是几件孩子的衣物：一件衬衫、一条裤子和几双袜子。"随即她开始借题发挥起来，一再强调伯伯依然在做生意，可我父亲却破产了的事实。她反复念叨自己推着手推车跑了老远却一无所获，都是拜父亲所赐才遭受如此奇耻大辱。母亲显然并未意识到，平素自己对父亲的慷慨大方横加指责，这会儿倒期望戈尔迪允许她赊账。

父亲经常一连数月都找不到工作。即便有活可干，也都是一些临时性的体力活，比如为公共事业振兴署修建高速公路。一天深夜，我从床上爬起来上洗手间。我

> **自我服务的偏见**
> **Self-Serving Bias**
>
> 将失败和不好的事情归因于外部环境，将成功和好的事情归因于自己，如个人的性格及特质。

迷迷糊糊地穿过厨房，见到父亲独自坐在餐桌边，双手抱着头，满脸泪水。我能想象父亲有多么深的挫败感，多年来一直拥有自己的店铺，如今却沦落到干体力活维持生计的境地。

然而跟无活可干相比，这点挫败不值一提，所以父亲一直尽己所能养家糊口。有一段时间他从事保险代理工作，挨家挨户向穷人推销小额人身保险。不过后来保诚保险公司（Prudential）发现他挪用了200美元公款，立刻就解雇了他。那笔钱被父亲用来赌马，很快就输光了。父亲解释说他只是借了那笔钱，下次比赛他的马笃定会赢，他很快就能还上钱。最终还是岳父本·范戈尔德替他还了那笔钱，父亲才免受牢狱之苦。为了还债，父亲不得不去岳父店里帮忙送晚礼服。他痛恨这份工作，因为他讨厌替本工作。本总是不断提醒父亲，如果不是他帮忙，父亲早就坐牢了。但其他工作的确难找，尤其是像父亲这样的人，以前是商人，没什么专业技能，又差点因挪用公款而坐牢。

父亲的苦恼一半来自钱的问题，另一半来自母亲就钱的问题对他永无休止的唠叨。母亲的唠叨让父亲一刻也无法忘记，因为自己无能失去了商店和房子，母亲彻底丧失了安全感和自尊心。母亲经常提醒父亲，自己当初应该嫁给马克斯·平卡斯，这个人经营着一家生意很好的五金店，"日子过得很舒适"。餐桌就是父母的战场，他们常常在那里吵得脸红脖子粗。仿佛早就编排好的一样，每晚都重复着同样的模式。先是母亲纠缠不休，随即父亲勃然大怒，用力将手里的刀叉扔向盘子，然后气冲冲地离开家，拉上几个朋友到埃尔克俱乐部的棋牌室或者麦克理发店打发时间。理发店里生意不多，三张理发椅其实是个幌子，遮掩着里屋的赌博行为。

很久以后我突然明白过来，也许父亲是将家庭战争作为到麦克理发店赌博的借口。等我们兄妹几个睡着之后，父亲才会回家。要是父亲上白班，我和贾森起床上学时，他早就出门去工作了。因此我们通常要到第二天晚餐时才能再见到他，这时前一天的唠叨和争吵又重新来过。眼见母亲又要唠叨，贾森向我做出一个"我们还是快走吧"的无奈表情。我们就躲起来，直到听见刀叉哗啦作响，门被"砰"地一声关上后才默默走出来，继续吃晚餐，喉咙却哽住了。

这种事情多长时间重复一次？是一周三次？还是一个月三次？我不太相信自己的记性。按常理来说有些夸张，但那极富戏剧性的场面令人感伤不已，清晰地印在我的脑海中，如同每天都在发生一般。后来我明白了，一旦循环开始，就很难打破。如果母亲迫切渴望向父亲发泄自己的痛苦和挫败感，我确信她觉得晚餐时间是最好的时机。

父亲总是坐在桌边，餐巾一角塞进衬衫领口，另一角垂在胸前，叉子刚举到嘴边。我想父亲对自己的破落和跌出中产阶级圈子的事实感到非常痛苦，他当然不想反复听到母亲的唠叨，更不想听到马克斯·平卡斯之类的废话，尤其是在晚餐时间。因此他经常声嘶力竭地喊道："真希望辛劳了他妈的一天后，能他妈的安生一会儿！"

"你觉得自己这一天过得很辛苦？"母亲大声反问道，"在所有邻居的注视下步行四千多米去救济站领食物，你有没有想过我的感受？"父亲一听这话就愤怒地夺门而出，一直挨到母亲熟睡后方才回家。这样母亲要等到第二天晚餐时才有机会逮着他，然后又开始新一轮的循环。

作为孩子，我自然无法理解他们的无穷斗志从何而来。如今回想起来，我断定，无论结婚早期他们彼此如何恩爱，从第一次开战的那一刻起，浓情就被冲淡了。但我仍然认为他们彼此在心底有一丝心意相通，只是缺乏有效的沟通，如果他们能坐下来好好谈一谈，也许就能相互扶持，而不是满脑子的责备、自怜和苦恼。

第二次世界大战开始后，父亲总算被一家工厂录用为半熟练工人。薪水不高，但工作稳定。他还兼职为一个大赌场跑腿，向工人们讨债。家庭经济危机总算减轻了，父母的争吵却未见减少。

明星哥哥与木讷弟弟

无论儿时还是少年时代，我都特别腼腆。在学校我从不主动发言，若被老师点名回答问题，我总是结结巴巴，面红耳赤，很少能回答上来。小学三年级的一天下午，老师被惹怒了，罚每位同学抄写50遍"我再也不在课堂上喧哗"，然后才准回家。写了大概30遍后笔尖突然断了，我吓得半死，根本不敢问老师是否可以削铅笔。眼见其他同学交了作业纷纷离开，我仍然一声不吭地坐在位子上。

我害怕自己会一直坐在那里，脑子里浮现出一幅画面：母亲用力握着双手，在厨房里烦躁不安地来回走动，猜想着我到底去了哪里。最后我终于坐不住了，绝望中居然试着用牙齿咬铅笔头，但还是不行。我鼓起所有勇气走到讲台旁，举起铅笔，怯生生地问老师："我可以用一下削笔刀吗？"老师一把夺过铅笔，仔细观察过后对我厉声喝道："果然不出我所料,你居然咬断铅笔头来气我。"我呆呆地站在那儿,窘迫得无法替自己辩解。虽是几十年前的往事,现在想起来仍不禁感到一丝战栗。

相反,哥哥贾森则是家里的"明星人物"。范戈尔德家族里的舅舅和姨妈们对于第一个外甥的出世充满了期待。他们清一色是年轻人,还没准备好生儿育女,因此贾森很快成为大家的特殊玩具。他是个惹人喜爱的小孩子,漂亮而健壮,浑身洋溢着活力和欢乐,简直是天生的讨喜宝宝。关注他的人越多,他就越发开心和自信。我记得大家得意地逗他说:"贾森,唱个歌吧!贾森,跳个舞吧!贾森,让利奥舅舅看看你的画!我们要发财了,他简直就是诺曼·洛克威尔[①]!"一家人把小家伙从头到脚夸了个遍。

我讨厌哥哥吗?当然啦。无论是家庭聚会,还是在操场上玩乐,只要我们同时出现在一个地方,他总是魅力四射,映衬出我的暗淡无光。1939年我7岁,那年夏天,范戈尔德家族在马萨诸塞州东部组织了一次周日湖滨野餐,所有的姨妈和舅舅都去了。我和贾森把一只棒球抛来抛去,互传高飞球和地滚球,玩得正开心。此时几个舅舅过来说打算租一条小船去钓鱼,邀请贾森一同前往。他们非但没邀请我,还抢走了我的玩伴,令我郁闷不已。于是我怯怯地问是否能跟着一起去。麦克舅舅带着歉意对我说,船太小坐不下,而且我年纪太小,肯定不喜欢钓鱼。我的眼里霎时噙满泪水,千方百计想拦住他们,但却是白费力气。纳特舅舅见状只得说:"还是带着他吧,我们挤一挤。"于是我就跟着去钓鱼了。

---

① 诺曼·洛克威尔(Norman Rockwell):20世纪美国著名画家、插画家。——译者注

我们在船上待了两个半小时。钓鱼的确很无聊，但至少我和哥哥待在一起。上岸后赫比舅舅问："嗨，埃利奥特，玩得开心吗？"

"很开心。"我答道。

"看来你没白哭。"艾迪舅舅在一旁说。

"哎！快别逗他啦。"利奥舅舅说。可惜这份敷衍的好意来得太晚了。我沮丧万分，早知道就不跟着去钓鱼了。

我讨厌自己在家人心目中的形象，但是也无法否认。一个周六下午，我去看电影，那个月正在播放根据一本漫画书改编的系列电影。片中的主人公神奇小队长平日里叫作比利·巴特森，是个唯唯诺诺、书呆子气十足的少年。不过一旦危险降临，比利就高喊咒语"变"。随着一阵轻烟飘过，比利变身为一位高大健壮的超级英雄。与超人克拉克·肯特不同，比利·巴特森并非天生的超人。他不能轻轻一跳就跃上高楼，也并不比火车头更有力量。如果朝他开枪，子弹不会弹飞，只会要了他的命。但这恰恰吸引了我：比利只有变身才能成为超级英雄，而且他只能拥有短暂的超能力。

看完电影回家，我满脑子都是比利·巴特森和神奇小队长。我将旧浴巾当作披风往脖子上一系，然后登上屋前门廊的第三级台阶，右臂笔直地伸向前方，左臂伸向后方，大喊一声"变"，随即勇敢地跳下门廊，结果落地不稳扭伤了脚踝。见我一瘸一拐地进屋，妈妈数落道："这次又干了什么坏事？"

几天后去参加家庭聚会。见我跛着脚进屋，一位姨妈问："埃利奥特怎么啦？"一位舅舅回答说："他当自己是超人，从台阶上跳下来，以为自己能飞。""埃利奥特……超人？"不知是谁发出的声音，引得大家哈哈大笑。我想辩解说自己并不想当超人，只想做神奇小队长，但没人听我说话。

贾森本来就是任何弟妹都难以企及的榜样，何况像我这样的笨孩子，更加没法跟他相提并论。上学时我比贾森低三个年级，当老师们得知我是贾森的弟弟，就立刻认定我和他一样优秀。其实我在小学和初中表现很好，但缺乏老师期待的那种明星气质。一年级时老师就发现我并没有贾森那么机敏、迷人、聪明和自信。按学校的行话说，我缺乏像他那样的"领导才能"，我能够读出老师脸上的失望。当然这不是贾森的错，我从未有意归咎于他。不过有时我也嫉妒他的魅力，想着自己要是没有哥哥就好了。但自小我就强烈意识到，自己的不足与别人无关。即便没有哥哥，自己身上的不足依然存在。光彩照人的贾森仿佛是笼罩在我头顶上的阴影，但我知道，就算移走了这片阴影，露头的也不过是个资质平平、腼腆无趣的小子。

撇开偶尔的嫉妒心理不谈，我爱贾森，并且敬重他。他也很爱我，处处关照我：给我示范篮球的运球动作，教我如何将橄榄球抛出一个完美的弧线；告诉我过度手淫不会导致失明或者手掌上长毛（那时青春期男孩子普遍担忧这档子事）；教我体会坐过山车的乐趣；教我打棒球时如何投球、接球和击球。

社会比较理论
Social Comparison Theory

当没有客观的评价标准时，人们往往通过与他人的比较来衡量自己的观点和能力。社会比较又分为上行的社会比较和下行的社会比较。前者是指将自己与某种能力或特点比自己出色的人进行比较，后者即将自己与比自己差的人相比较。

年幼时我和贾森常常一起去一个棒球场玩，那里到处都是结块的土壤、卵石和杂草，比拥有齐整草坪和光滑地面的芬威公园棒球场差远了。在这样的球场上，如果对方猛击一个地滚球，你根本不晓得球会往哪里弹。因此，我总是将身体偏向球的左边或右边，这样不管球弹向哪里都不会击中我的脸。贾森却反对我这么做。他连续打地滚球给我，直到我克服恐惧，敢站到正对着球的位置上。儿时付出的心血在少年时获得了丰厚的回报。笨头笨脑的青葱岁月里，我唯一引以为傲的就是凭本事成为了一名棒球选手。

但最重要的是，我喜欢贾森为我指引方向，提出建议，帮我击退小混混。"等着吧，看我哥怎么收拾你，他会把你揍得屁滚尿流，大笨蛋！"每次有大孩子欺负我，我就这样对着他们狂叫，然后贾森就会把他们揍得半死。我们是这块穷人区唯一的犹太家庭，街坊邻居大多信奉天主教，他们特别仇视犹太人。事实上大多数邻里孩子对我们颇不友善，仿佛我和贾森就是耶稣受难的罪魁祸首。贾森高大强壮，他们不敢欺负。可我弱不禁风，首当其冲成为他们攻击的对象。我经常进退两难，不知是战还是逃，逞英雄就会被打得鼻青脸肿，想不挂彩就得当缩头乌龟，每次都是贾森保护我。我对他既感激又怨恨：有保镖的感觉很爽，可需要保镖保护又很丢脸。

从希伯来语学校步行回家的确需要保镖。学校坐落在小城另一头的小型犹太人区内。自从贾森13岁那年毕业后，我就得独自放学回家。秋冬季节步行回家时天色已晚，我只得选择僻静没人的小路往家走，远离人多的危险地段。尽管万分小心，我还是常常遭到埋伏，被人欺侮，偶尔还被一帮高呼反犹太口号的小子殴打。

记得一次遇袭后，我垂头丧气地坐在马路边，擦着流血的鼻子和破裂的嘴唇，心想我跟他们根本不认识，他们为什么如此痛恨我？他们是生来就憎恨犹太人，还是被父母和牧师洗过脑？我想知道，如果这些孩子多了解我一些，发现我是一位没有任何恶意的邻家男孩，他们会不会喜欢我一些？如果他们喜欢我，会不会减少对其他犹太人的恨意？我以为总被欺负的自己会变得更富有同情心，希望这段经历能促使我在其他小孩子受欺负时能挺身而出。挺身而出？见鬼，我才不干呢。我巴不得离其他受气包越远越好。所以我加入了小混混的行列，决定让那些高大威猛、凶残好斗的孩子相信，其实我与他们的关系更亲近。我并不想欺侮弱小的男生，这样做只是为了避免自己受欺。

从希伯来语学校毕业后，母亲提议我出去挣点钱贴补家用。她让我从贾森以前做过的事干起：到各个杂货店转转，问他们是否需要冷饮售货员。贾森曾在一家杂货店干了三年。我就这样亦步亦趋地跟随着贾森的脚步——进同一所学校，遇见同样的老师，尝试同样的工作。

"没有一家杂货店的窗户上挂着'招聘员工'的牌子。"我反驳道。

"能干的人总能找到饭碗。"母亲很坚决，她要求我自己去店里询问是否有活可干。这对我无疑是一种折磨，但我还是照办了。我去了四家杂货店，通通吃了闭门羹。母亲得知后以嘲弄的腔调对我说："是啊，我都猜得到你会怎么问人家：'你们不需要冷饮售货员或其他员工，是吧？'"她这样说有些伤人，但并不离谱。

最后我总算在埃尔姆农场超市生产部找到了一份工作。我的工作是确保货架上随时都放满商品，给蔬菜喷水以便保持好卖相，以及把土豆和洋葱分装到约 2250 克的袋子里。我自认为干得很出色，不料几个月后就被解雇了。原因是我无所事事时不会假装忙碌，而且装进袋子里的东西常常超重约 100 克。"这是在浪费公司的钱！"经理为此十分生气。就这样，14 岁的我已尝到失败者的滋味。好年轻，但是好无能！

父子隔阂

我和父亲的交流并不多，属于父子间的活动也就那么几次。1946 年他带我去过一次芬威公园，花了 55 美分坐在中心看台观看红袜队比赛。那还是球星泰德·威廉斯（Ted Williams）、鲍比·多尔（Bobby Doerr）和多姆·迪马吉奥（Dom DiMaggio）的时代。有一次父亲还教我开车，耐心之极令我惊讶万分。我们在同一个屋檐下生活了 17 年，父子间仅有一次认真的交谈。那次他向我解释了自己失去店铺的原因，完全不同于母亲口中的版本。他从没向我讲述过他的童年、所受的教育、与兄弟姐妹的关系，以及自己的理想和对孩子的期许。

少年时代我的脑海中常浮现出这样的幻境：我和父亲一边散步，一边亲密、坦诚而深入地交谈着某些重要话题。背景往往是一派田园风光：有草地，有树林，都是现实中我们未曾涉足之地。年过半百后，这些幻境变成了我的噩梦，令我半夜惊醒，冷汗淋淋。我无法原谅自己在父亲生前跟他交流太少，对他了解太少。

我为什么从不打听父亲的人生经历？答案很简单，我认为父亲对我并不上心，我觉得自己总令他失望。"为什么你不能像某某一样？"他总是谈论某个孩子打三份工并兼职送报，还从不落下一堂小提琴课。"为什么你总是把精力浪费在棒球和篮球上？"那时的犹太父母都认为，无益于学业又没有金钱回报的活动通通是浪费时间。好孩子都应该努力工作，为家里挣钱；努力学习，成为尖子生；努力练琴，成为亚莎·海菲兹[①]。

从更深一层来看，我不跟父亲交流是因为对他心存畏惧，害怕面对那张随时会勃然大怒的阴郁冷脸。他怒气冲天的样子比任何人都可怕。多年以后，当看到演员李·科布（Lee J. Cobb）在电影《十二怒汉》（*Twelve Angry Men*）中双拳紧握、怒火中烧的模样时，我惊呼："天哪——跟我父亲一模一样！"虽然父亲并没打过我，但他经常向我挥拳头，那架势仿佛拳头立马就要落下来。我犯一点小错他都会暴怒不已，用意第绪语[②]吼道："我要把你揍得满地找牙！"他是家里专门唱黑脸的。

一个春光明媚的下午，我在外面打棒球。正玩得起劲，忽然发现上课时间已经过了半个小时。于是我决定继续打球，然后跟小伙伴们玩到放学时间再回家。不幸的是，学校打电话到家里问我在哪里，事情败露了。父亲放下电话便大怒，一拳砸在桌子上。

"到底是怎么回事？你还嫌我们不够心烦吗？"

"但是爸爸，其他孩子都……"

[①] 亚莎·海菲兹（Jascha Heifetz）：20世纪杰出的小提琴家，美籍犹太人。——译者注
[②] 意第绪语：由古犹太人的希伯来语与德语混合后形成的一种犹太语言。——译者注

"我才不管其他孩子。你是你，他们是他们。再说他们怎么样关我屁事。再有下次，小心我揭了你的皮！"

从父亲的失望和愤怒中，我思忖他并不看重我，我甚至没法确定他是否爱我。

不久以后，也就是我15岁那年的一天夜晚，我出现了脑震荡的症状。当天的一场篮球比赛中，我抢篮板球时被对方一位球员的胳膊打中头顶——那是他的秘密武器。我昏迷了足足有半分钟，清醒后在长凳上坐了约五分钟，感觉好一些了，于是又上场继续打比赛。半夜我被自己的呻吟声惊醒，感到头痛欲裂。睡在同一间屋的哥哥急忙去叫醒父母。当我想告诉他们事情的原委时，却发现自己口齿不清。我脑子很清醒，但口中发出的却是毫无意义的声音，像是从别人嘴里说出来的，很怪异。但我并不害怕，因为自己脑子并不糊涂。可父母脸上痛苦而恐惧的表情吓坏我了。

父亲转向母亲，用悲痛的语调说道："我们失去儿子了。"

为了平复他们的恐惧，我凝神静气，使出吃奶的劲儿叫道："无无无无无无未未未未未未未未是是是是是是是是是是是！"我想告诉他们"我没事"。没有比这更让人安心的了。好在几小时后，失语症状慢慢消失了。我将事情的原委讲给他们听，立刻被他们数落："被撞昏了还继续比赛，你怎么这么蠢？"多年后，每每回忆起童年时代，思量着父亲是否爱我时，记忆中他悲痛的声音"我们失去儿子了"就会在脑海中清晰地重现，总会令我安心。然而若要如此费力才能找出父亲爱我、关心我的证据，恰恰充分说明我对自己在家里的地位感到不安。

1949年我上高一时，父亲被诊断患了侵袭性白血病。有一天他突然说，自己日渐消瘦，不知道是怎么回事，想去看医生，三个月后他就去世了。父亲只活到47岁。在死亡临近的日子里，我越发渴望跟他交谈，从他那里学到人生经验和教训。好多事情我都想知道，尤其想听听父亲自己的故事——他的个人历史。

然而，虽然知道父亲不久于人世，我仍未能跟他好好说说话。我不知道该如何向他提问，怕他不耐烦或生气。以前父亲总是为生计担忧，如今又在为死亡将至担忧，其实他根本无暇顾及聊天时冲我发火这档子事。可我当时却没想明白这些道理，虽然满肚子问题，却依然被动地坐在那里，找出各种借口阻止自己向父亲发问。我对自己说：父亲身体健康时，我都觉得自己没有资格向他问东问西，现在他病了，我怎么可能去打探他的想法和心愿呢？

每天晚上我开车送母亲去探视父亲，跟着母亲走进病房，向父亲问好，然后就无话可说了。因为感觉有些尴尬，也为了给他们独处的时间，我总是移步到窗口，待在那儿观赏外面的风景。临终前的某天晚上，父亲意识到自己的病情无法好转，便对母亲敞开了心扉。当时他并未在意我也在场。父亲向母亲表示抱歉，自己走得太早，丢下了一个既无银行存款又无经济来源的家，尤其抱歉让孩子们生活得如此拮据。父亲并不特别担心"宝宝"，也就是11岁的女儿葆拉，认为她总能找到可靠的丈夫。他当然也不担心"大儿子"，已经上大学的贾森被父亲称为"一个能干的人"。可是他对母亲说，他很担心"小儿子"，认为如果没有他的支持和督促，我不会有大出息。父亲的言辞刺痛了我，但当时我对这样的评价并无异议。

10年后，朋友们为我举办了一场欢送会。那时的我婚姻美满，刚刚拿到斯坦福大学心理学博士学位，准备启程赴哈佛大学担任助理教授。那天我喝多了，醉醺醺地走到门外。美丽的夜晚星光璀璨，我仰望星空泣不成声。我告诉父亲，他可以安息了，儿子今天的成就远远超乎他的想象。这番举动颇为奇怪，可见我当时肯定醉得厉害。平素我不信来世，更别说和死者交流。但我渴望让父亲知道，他的"小儿子"总算走上了一条有可能通往成功之巅的道路。

哲学家萨特说过，从我们脱离母亲子宫的那一刻开始，我们就"命中注定"要追求自由。要不是自由那般沉重，我们不惜为了它在苦难和失去中付出代价，他又怎会用"命中注定"这个词呢？恰恰是因为我们出生的那一刻并不是自由之身。人们通常要等到步入中年后父亲已经去世了才能享受到无拘无束的滋味。然而17岁时，我的自由就降临了。失去父亲固然悲伤无望，但不用面对父亲的厌恶、失望和怒意，令我霎时感到解脱。然而这种不期而遇的轻松感又激发出强烈的罪恶感和困惑感——父亲去世我不该感觉解脱了。多年以后我慢慢理解了那些复杂的心绪，心底的阴影总算消散了。

然而长大成人后，我总是遗憾未能对父亲有更多的了解。有时我在想，如果他活到耄耋之年，看到不长进的儿子总算有所成就，是否最终会以我为傲，跟我说他的心里话，讲述他的人生故事呢？但也许正是因为父亲的死令我得以解脱，最终才得以成为他认定我无法企及的人。

Not By Chance Alone

第 2 章

一次难得的自我肯定
■ 我是谁

亚伯·肖走出办公室，询问助理喧闹声从何而来。"好像是埃利奥特把客人吆喝进来了。"助理报告道。"让那孩子当'话筒男'！"亚伯说。于是我开始从事招揽客人的工作，薪水提高到一小时1.5美元。这次经历让我肯定了自我，也让我倍感困惑：什么才是真正的我？也许有朝一日，我也能成为像哥哥那样的人。

"你真的认为他们不会嫌我年纪小吗？"

"没错，14岁做这份工作是有些小了，但别担心，只要老亚伯·肖看见你，他就会给你一份工作的。我保证。"

暑期工面试

那是1946年。贾森对我如此充满信心，很出乎我的意料，我也因此减少了几分胆怯，但只减少了一点点。往里维尔海滩走的路上，我的手心直冒汗，喉咙里发不出声音。我早早地到了海滨木板道，可是早就有其他孩子在便士游戏厅外面排了长长的一队。他们在那儿等着亚伯·肖的面试，游乐场大多数游乐设施和游戏厅都由他负责管理。亚伯在游乐场干了很久，被大家视为精明的经理和严厉的老板。他对任何人都不假辞色，甚至包括他的黑手党老板。

排队等待面试的孩子人数几乎是暑期工需求量的三倍，我顿时觉得希望渺茫。而且他们大多数看上去至少有16岁，那是在游乐场工作的法定年龄。当一些大孩子用轻蔑的眼光看着我时，我手心湿得更厉害了：为什么该死的贾森那么自信老亚伯会立刻给我一份工作呢？我思量着，想打道回府，但又不敢想象，如果母亲得知我还没有试一试就放弃了这份工作机会，脸上该出现怎样的失望表情。

哎，我真蠢。我后来才明白，贾森是在用木板道上最古老的笑话跟我开玩笑——"只要老亚伯·肖看见你，就会给你一份工作的。"他当然会这样做。如果他能够看见你，他会给你世上的一切，因为所有人都知道，老亚伯像蝙蝠一样，眼睛瞎了45年了。他是个传奇人物，据说他不用看你就能说出你的大致情况。他的办公室在游戏厅背面，门总是敞开着——不是为了表示友好，而是为了能够听见硬币哗哗落进投币游戏机的声音。听说在游乐场最繁忙的时候，亚伯只要全神贯注地听上15分钟，就能异常准确地猜中当晚的进账。

"下一个！"

终于轮到我了。我走进那间昏暗的办公室，站在办公桌前，而亚伯假装看着窗外。静静地站了三四分钟后，我清了清喉咙。亚伯转过身，直直地盯着我说："你用不着制造噪声，我知道你在那儿。"我倒吸了口凉气。亚伯从桌上拿起一支铅笔，挪了挪面前的一叠纸，然后问："小家伙，你叫什么名字？"这时我完全呆住了：一个盲人怎会那么轻易地从桌上找到纸和笔？他又要纸笔做什么呢？

"埃……埃……埃利奥特·阿伦森。"

"唔，阿伦森，你不觉得你做这份工作年龄有点小吗？你看上去不超过14岁，最多15岁。"

"嗯……我想……想……想……我能做好它，先生。"

"呵，你想……想……想……你能做好它？好吧，我们看看再说。你先在奶瓶游戏摊位试试，报酬是一小时60美分。明晚六点准时向路易报到。"

"下一个！"

……

回到家，我问贾森："如果他是个瞎子，怎么能看出我只有14岁？"

"那个瞎眼的家伙只不过是在显摆。我打赌他一上来就问你的名字，对不对？"

"是的。但我对他来说完全是个陌生人，而且他没问我的年纪，我对天发誓！他怎么会知道我的年纪？真搞不明白！"

027

"别着急。两三天前的晚上,我下班时告诉他,我弟弟会来应聘一份工作。我说你是个好小孩,人又勤快。所以他一直在等你,也许早就想雇用你了。他知道我17岁,所以猜你比我小两三岁。而且如果你只有12岁,就不会来应聘,对不对?所以他断定你只有十四五岁。这没什么神秘的。"

"但他为什么要那么做?只为了迷惑一个小孩吗?"

"就像我说的,他不过是在显摆。亚伯是个盲人,有一些盲人才有的古怪才能,比如敏锐的听觉。他知道屋里有人,因为他听到你走进来。他知道你所在的位置,是因为他能听到你的呼吸声。只因有一点点特异功能,他就以拥有第六感而闻名。他喜欢那样,于是试图制造更戏剧化的事情,假装可以做到不可思议的事情,给自己增添传奇色彩。他根据手头的信息进行推测,假装自己什么都知道,你却不知情。而且他还表现得十分笃定。所以他面前那个小孩,你这个单纯的傻小子就被他的诡计迷得晕头转向。"

"但万一他猜错了呢?"

"没关系。如果他说错了你的年龄,你会纠正他,而不会在这上面多花心思。毕竟谁会指望一个瞎子能猜中别人的年龄呢?但如果他说对了,你就会印象深刻,并会告诉周围所有人老亚伯有多神奇。随后我们就会把他当作活神仙。你明白了吗?他不会失败的。"

亚伯和他的跟班们对我们这些在木板道上做事的人十分吝啬。游乐场一关门就停止计算工时，而之后我们还得花 45 分钟打扫卫生，却领不到额外的一分钱。如果我们上班迟到一会儿，就会被扣薪水。但没有人敢抱怨，因为我们需要钱，何况门外有 50 个孩子排队等着这份工作呢。而且我们觉得老板们都是有权有势之人，因此有资格耍弄我们。

幸亏有贾森所说的"木板道上的潜规则"，我们总算赢得了公平。例如，所有我认识的在木板道工作的孩子都夹过钱，夹钱是偷钱的委婉说法，但大家都不认为这是偷窃。故意少找顾客零钱这种盗窃行为是不对的，原因有两个：第一，大多数顾客都是像我们这样的穷光蛋，没钱给你骗；第二，如果你想少找谁零钱的话，你不会选择那些多疑小气、仿佛每分钱都是命根子的客人，唯一能骗的是那些相信你的顾客。而什么样的家伙才忍心欺骗相信自己的顾客呢？因而据说欺骗过顾客的孩子都会被其他人瞧不起。

但夹钱不是偷钱，而是为了赢得公平——从一帮富有而狡猾，只付极低的薪水还整天像鹰隼一样盯着你的混蛋那儿赢得公平。夹钱必须做得隐秘而巧妙，一旦被抓住就会立刻被"炒鱿鱼"，就像娄曼·帕斯杰尔纳克的遭遇一样。

娄曼的真名其实是诺曼（Norman）。有一天，他在挺阔的工作服翻领上写自己的名字时，无意中漏写了"r"。从那以后，我们都叫他娄曼（Noman）。娄曼在投掷硬币的游戏摊位工作。顾客往一盆水里抛硬币，只要投中水上漂浮的一个浅口碗，就会赢得一个廉价小礼物，比如可以立在纸板底座上的米老鼠形状气球。但抛

> **自我合理化**
> **Self-Justification**
>
> 人们为维护自尊而对自己的行为进行合理化。每个人都有维护良好的自我感觉的心理需要，当人们做出负面的行为时，往往会为其行为寻找理由，确保能够从正面看待自己。

出的硬币十有八九会滑出碗外落入水中。一天晚上下班后，我们去木板道上的一家熟食店吃饭，店是亚伯和他朋友开的。娄曼点了一个咸牛肉三明治，并立刻付了35枚湿漉漉的一美分硬币。第二天一上班，他就被当场解雇了。

木板道上的潜规则

　　长达三公里的木板道简直是一个包罗万象的小世界。各色人等在这里汇聚，各种各样的游戏和游乐设施应有尽有，还有夜间表演。小吃摊位随处可见，空中弥漫着各种美食散发出的浓郁香味：有奶油冰激凌、比萨、汉堡、棉花糖、油炸蛤蜊、乔和尼莫店的热狗。喧嚣的声响不绝于耳，过山车的呼啸声和乘客的尖叫声久久地回荡在夜空。

　　起初我在奶瓶游戏摊位工作，每张小桌上叠放着五个空铝瓶，客人将三只棒球掷向瓶子。当然不是真的棒球，而是镍块裹上锯屑做成的球。我们用胶带将球面缠紧，这样一天下来球就不会散掉。如果客人用三只球将五个瓶子击落在地，就会赢得一个夏威夷花环，当然是做工粗糙的塑料制品；如果用两只球击落所有瓶子，会赢得一根便宜的木拐杖；如果只用一只球就击落所有瓶子，就会赢得木板道大奖——一只泰迪熊。这可不是普通的泰迪熊，我会跟客人说："先生，大奖可是一只大大的、胖胖的、毛绒绒的泰迪熊，千真万确。女士们、先生们，快来赢取大号泰迪熊！25美分掷三只球。先生，过来试试好不好？不想为身边这位小姐赢一只大泰迪熊吗？"

几乎所有客人都能得到花环，有相当一部分能拿到拐杖，但一球击倒所有瓶子的概率几乎是零。我不得不反复对客人说："先生，不好意思，将瓶子击倒在桌上不算赢，必须一球将所有瓶子击到桌外才能获大奖。"凭借力道和准确性一球击落所有瓶子已经十分困难，但亚伯·肖要确保百分之百的零中奖率，因此游戏是有猫腻的。放在底层的两个瓶子里灌了约2.5厘米高的铅，当球击中这两个瓶子时，它们只会翻倒在桌面上，并不会移动位置。

瓶子以如此怪异的方式翻倒肯定会引起怀疑。有不少客人提出质疑，但老亚伯早已想好了应对之计，并教我和其他工作人员如何处理这种局面。如果有人惊呼"底层的瓶子是铅制的！"我们就要流露出蒙受了不白之冤的表情，走到刚刚叠放好的瓶子前面，把放在底层中间的那只没有灌铅的瓶子取出来给怀疑者检查。摆出这副胜券在握的架势后，就不会有人提出检查其他瓶子的要求了。这一招回回灵验。

给我带来大麻烦的不是心怀疑虑的客人，而是沮丧不已的客人。奶瓶游戏摊位共有四张桌子，每张桌子后面都排着一队人。如果白白花了几美元还不能为女朋友赢取一只大泰迪熊，客人就会觉得十分难堪，恼怒不已。他们对其他奖品都不感兴趣，一旦第一只球没有击落所有瓶子，另外两只球他们也就不打算掷向瓶子，转而掷向隔壁桌边正忙着叠放瓶子的我。第一次发生这种事时，我不知道是什么东西击中了自己，只觉得腰背部一阵灼痛。我愤怒地转过身来，只见"凶手"一脸坏笑，假惺惺地道歉说不小心手滑了。

我当然不相信他的话，但也无计可施。这些家伙无一例外至少比我大 10 岁，体重至少比我重七十多斤。而且内心里我觉得他们有权利生气，因为他们的确上当受骗了。我小心翼翼地应付着这种局面，既要保护自己，又要考虑如何安身立命。

"他们真的疯了，这帮该死的家伙！"我愤愤不平地对贾森说。

"你到底在抱怨什么呢？"

"为什么要拿球砸我？我没做错任何事情，不该被这该死的球砸中。我一小时才挣 60 美分，骗他们的人又不是我。"

"你当然骗了他们。"

"我没有。嗯……好吧，我承认我骗了他们，可我并没有靠欺骗他们来发财致富。"

"你这家伙居然想在木板道上讨公道。"

"没错！这有什么不对吗？"

"埃利奥特，你得注意一些，别老在我面前自以为是好不好？你薪水的一部分就来自充当'绝缘材料'，你自己也知道。不知亚伯·肖最后一次被该死的棒球击中是什么时候？"

"那个讨厌鬼！"

"他也没那么讨厌，只是善于利用现行的游戏规则为自己谋利而已，世界上的事情本来就是那样的。一个人攒了足够多的钱，就能在寒冬腊月穿着衬衫在家里走来走去而不觉得寒冷，因为他买得起'绝缘材料'。而在咱们家，穿上许多件毛衣仍然瑟瑟发抖，屁股都要冻僵了。亚伯·肖就是买得起'绝缘材料'的人。在木板道上，他的'绝缘材料'就是我和你，以及其他为他工作的人。我们就站在老亚伯和扔棒球砸你的男人之间。这是份糟糕透顶的工作，我讨厌它，而且发现你跟我一样。很高兴你也讨厌这份工作。一些家伙并不在意这些，我对此深表遗憾。"

贾森继续说道："但要注意，你不能假装什么都不懂。如果这样的话你就真的堕落了。亚伯是个骗子，但他对我们很诚实。他如实告诉我们发多少薪水，帮他做什么事情。我们可以接受，也可以拒绝，但是别抱怨。"

贾森说话时我一直盯着自己的脚尖，间或点点头。贾森的话一直在耳畔萦绕，在心底唤起一份美妙的感觉，就像在外面冻了一天后，终于可以回家洗一个美美的热水澡。在我们家，好东西从来都不直呼其名。洗热水澡其实是再普通不过的事情，但我们总是说"一个美美的热水澡"。相反，说起厌恶的感觉，没有比从窗户缝钻进屋的一阵冷风更简单的了，但我们总是说"一阵讨人厌的从窗户缝钻进屋的冷风"。

我喜欢听贾森说那些大道理。世界光怪陆离，现实生活不会如我期待的那样清晰地呈现在我面前，现实社会也不会像电影里的画面一样，好人穿着纯白的衣服，举止彬彬有礼，坏人总是胡子拉碴，不会正眼瞧你。我试图在现实世界里辨认坏人，发现假货，顺带把自己当作英雄。但我怀疑这是自欺欺人。虽然不能完全确定现实世界中有什么画面被自己忽略了，但我知道世界远比我想象得要复杂。

每过一段时间，贾森就会为我点亮一盏明灯。他阐明了木板道上的潜规则，让我明白，你不能相信自己的眼睛，所看到的未必是真相，游戏是有黑幕的。如果想要了解真相，你就得把脑袋探到幕后去看。我很感激贾森，我是如何表达这份感激的呢？我会用拳头使劲捶他的胳膊，问道："你怎么懂这么多？"

"别自作聪明，埃利奥特。没人喜欢自作聪明的家伙。"

我绝不是一个自作聪明的家伙。我胆小，而且经常糊里糊涂的，但我一直努力理解人生。我欣赏贾森的洞察力，但他的说教听起来像是在布道，万事通的炫耀态度令我很不情愿悉数接受。我总是希望贾森的说教能有一个美丽的包装，这样我就可以毫无抵触情绪地全盘接受了。

我18岁以前，贾森是家里唯一认为我聪明能干、潜力无穷的人。他并没有因为一些相反的证据而改变对我的评价。他告诉我要苦中作乐，学会感受快乐是最重要的。他告诫我不要妄自菲薄，但也不能过于自恋。他还向我展示自嘲很有趣，幽默无处不在。脑震荡引起失语症的事件发生好多年后，他模仿我当时试图说出"我没事"的样子，如同电影《巴黎圣母院》里查尔斯·劳顿（Charles Laughton）扮演的钟楼怪人卡西莫多一样笨拙，模仿得惟妙惟肖。他还教我如何像君子一样从容地打好自己手中的牌，打牌和人生都是如此——尽量不要抱怨。

如果愿意做个有心人，在木板道上还可以学到很多人生哲理。技艺精湛的跳水演员就给了我很好的人生启迪。他们能在空中连翻三个跟斗，然后优雅地入水，几乎不激起一丝涟漪。接着就看见一个小丑登上高高的跳台，穿着一件大得能遮住膝盖的游泳衣，探头往下看了一眼，便吓得赶紧退后。之后他假装很恐惧地再探头看看，又往边上退，却一不小心退得太远，掉了下去，手脚在空中胡乱挥舞。观众见状捧腹大笑。"真是个白痴啊！"我朋友大叫。

仔细观察了很多天之后，我才发现他根本不是一个笨手笨脚的小丑，而是最有本事的跳水演员。只有经过无数次刻苦的练习，小丑才能在演出时故意表现出拙态，而最后一刻却能安然入水。多年后我成为一位大学教授，发现只有备课时倾注无数心血，才能在课堂上表现出即兴随意的潇洒风范。那时我就会饶有趣味地想起那位小丑跳水演员，体会他的表演给我带来的启示：工夫在戏外。

荣升"话筒男"

我的奶瓶游戏摊位就在亚伯·肖办公室所在的电子游戏厅下面。进入游戏厅，右边是弹子游戏机、算命机和娄曼所在的扔硬币游戏摊位。左边是扑克牌游戏摊位，30张单人桌从前往后一字排开。玩扑克牌游戏时你没有竞争对手，一个人坐在桌旁将球滚进其中一个球袋里。球袋上分别标着牌的名称，比如黑桃J和红桃K，你要设法将球滚进能凑成同花顺的球袋。获胜需要些许技巧，但主要靠运气，因为球会乱蹦。

木板道上唯一的熟男是一小时挣三美元以上的"话筒男",他们在扑克游戏之类的主打摊位工作。资深"话筒男"的身价堪比与他同样重的黄金价格(说得更准确些,堪比与他同样重的镍币价格)。游戏摊位能否赚得盆满钵满,取决于他的破冰之举,也就是如何迅速地把客人从街上忽悠进游戏厅。这些家伙个个风度翩翩、巧舌如簧,令我们佩服得五体投地。最没经验的孩子被安排在最不重要的游戏摊位工作。因此,当我被提拔到扑克游戏摊位负责找零钱时,着实兴奋了一把。

一个凄风苦雨的夜晚,木板道上冷冷清清,扑克游戏摊位的"话筒男"从台上走下来,问我能否替他当班。梦想成真的时刻终于到来了。我一直在观察他,一遍一遍地听他吆喝,所有词句早已烂熟于心。我甚至常常在镜子前练习几个小时,还对说辞加以改进。于是当机会降临时,我已成竹在胸。我这位"话筒男"的处女秀开场白如下:

来玩吧,找个座,投个球。一个镍币玩一次,只需五美分。没有铃声提示起止,玩单人游戏,赢取个人奖项!为木板道上最大、最好、最炫的奖项而努力吧!玩法简单,获奖容易。投进一枚镍币,拿到五只球。轻松漂亮地把球投出去,看它们滚下玻璃板,越过斜坡,掉进不同扑克牌花色的球袋里。三张同点或同花顺就算赢。快请进,来玩吧,一个镍币玩一次,只需五美分而已。看哪!27号桌有三个J,幸运的您快来领奖吧!快看!第16桌是满堂红!

这就是我!简直油嘴滑舌。事实上游戏厅里空无一人,没有任何人坐在27桌或16桌。我有些明白了,吸引客人的唯一法子就是吆喝得好像已经有人赢钱了。果然，几位客人走进来开始玩。半小时不到，木板道上闲逛的人中有一半都来到扑克牌游戏摊位。亚伯·肖走出办公室，问助理喧闹声从何而来。"好像是埃利奥特把人吆喝进来了。"助理报告道。"让那孩子当'话筒男'。"亚伯说。于是我开始从事招揽客人的工作，薪水提高到一小时 1.5 美元。

但是即便当上了"话筒男"，我还是不敢相信自己居然赢得了这份工作。我断定害羞是自己永远的社交障碍，我一直很害羞，可能会永远害羞下去。但木板道上的这次经历令我肯定了自我，能够潇洒甚至大胆行事了。担任"话筒男"的成功经历既对我有所启迪，也令我倍感困惑：什么才是真正的我？该问题增加了如下可能性：有朝一日，我也能成为像哥哥那样的人。

Not By Chance Alone

第二部分

方向：自我的探索

> "他（马斯洛）的很多教诲都让我受益终生，对我影响最大的是他对人类发展的乐观态度，他相信人们拥有成长、学习和改善自我的潜力，社会也可以变得很健康。这种乐观主义已融入我的血液。受马斯洛的影响，我决定运用心理学的智慧和知识去改善人类的境况。"

Not By Chance Alone

第 3 章

投入心理学的怀抱
■ 自我实现的渴望

　　一天下午，我陪一位迷人的女孩上课，无意中走进了亚伯拉罕·马斯洛的课堂，他正在讨论种族偏见的心理学特征。我听后震惊万分，他提出的问题正是10年前就困扰我的那些难题，此刻我才知道原来有一门学科能解答这些疑问。我着迷了，放开身边女孩的手，开始记笔记。那一刻，我失去了女孩，却找到了天堂。

在我面临人生中最重要的两次抉择时，弗雷德舅舅都给了我错误的建议。父亲去世时我即将念高三。当时专门召开了一次家庭会议，与会者不是阿伦森家族的成员，而是彼此走动频繁的范戈尔德家族。阿伦森家族从不会特意为某位亲戚召开家庭会议，也不会对别人的事指手画脚，范戈尔德家族则热衷于此。

学习的意义

舅舅和姨妈们全都聚集在我家客厅，商讨多萝西和孩子们何去何从的问题。范戈尔德家族几乎无人缺席，母亲、贾森和12岁大的葆拉也参加了。弗雷德舅舅主持了这次家庭会议。他是牙科医生，兄弟里数他最年长也最富有，因此他自诩为家庭首脑，主宰着会议进程。弗雷德舅舅提议在布兰迪斯大学念大二的贾森继续求学，而我高中毕业后就去找工作，供养妈妈和妹妹，并资助贾森完成大学学业。

弗雷德舅舅的观点听上去合情合理，然而贾森一下子就捕捉到了问题的核心——钱。贾森听出了弦外之音：弗雷德舅舅不愿接济我们家。他也许愿意给我们提供一年的经济资助，直到我找到工作为止，然后就会离我们远远的。于是贾森喊道："胡说八道！阿伦森要上大学，我们都可以半工半读，不会花你们一分钱。"

"你母亲和妹妹怎么办？"弗雷德舅舅问。

"妈妈会去工作。"贾森答道。母亲结婚前做过速记员，但她有二十多年没工作了。

母亲将一切看在眼里，但一言未发。我想她既不愿冒犯弟弟，也不愿得罪长子，可能有点惧怕他们俩。弗雷德舅舅对贾森的计划表示怀疑，并且对他的反抗态度大为恼火，他已经习惯了当家作主。

大家都在七嘴八舌地争论我的出路，贾森的态度却异常坚决。大学为他开启了一片充满机遇的天地，他希望我也能走进那片天地。他担心我如果高中毕业就直接去工作，就再也不会重返校园了。最后家庭会议不欢而散。待舅舅和姨妈们离开，贾森对母亲说："妈妈，你肯定行的。"母亲果然没有辜负他的期望，没过几个月就找到了心仪的工作，在波士顿特里蒙特街上的钱德勒高档百货公司卖服装。

贾森不但要赢得弗雷德舅舅的信任，还得说服我继续求学。我讨厌高中生活，学校老师几乎个个无精打采、讲课乏味，历史老师甚至经常醉醺醺地来上课。老师们并未对我寄予厚望，我也无意责怪他们。我学习不怎么用功，成绩大多是 B 和 C。为了给我打气，贾森特地跟我深谈了一次，鼓励我在毕业班好好努力，争取考上一所好大学。我打心眼里觉得自己是扶不起的阿斗，天生就不聪明，而且即便考上了也没钱去读。我可不打算向弗雷德舅舅伸手借钱。贾森试图说服我像他一样申请奖学金。"我又没你那么聪明！"我立马反驳。

贾森伸出双手紧紧抓住我的肩膀，说道："笨蛋，你真想过那种推着婴儿车，沿着雪莉大街闲逛的日子吗？"

那真是一幅令人不寒而栗的画面。那些年，我俩目睹了许多早早地就跟高中女友结婚的小伙子，才 20 出头便身为人父，推着婴儿车在镇上的一条主干道上闲逛，干着没啥前途的低贱工作。看着他们，我感到既悲哀又恐惧。

就是因为怕沦落到那种境地，我才开始发愤学习。第一学期结束时，我的成绩有了一点提高，但最大的惊喜是 SAT 考试，我考出了一个极高的分数，别说老师，连我自己都难以置信。于是我申请了几所波士顿地区的大学，被波士顿大学、东北大学和布兰迪斯大学录取。布兰迪斯大学成立仅两年，却已步入全国一流大学之列。但贾森也在布兰迪斯大学就读，这让我有了一丝迟疑——我得再一次以弟弟的身份，追随成绩斐然的贾森。他是学校的优等生，已当选为第一届学生会主席，即将成为学校第一本年鉴的编辑，同时还担任校园时事讽刺剧《嗨，查理》

（*Hi Charlie*）的总导演。

不过我最终还是决定去布兰迪斯大学，因为该校免去了我一年的学费，并给我提供了一份兼职工作，薪水足以支付大部分房租和伙食费。每周我要在校园快餐店工作五个晚上，做奶昔，烤汉堡。

高中毕业的那个暑假，我没有回木板道游戏场，而是找了一份挣钱更多的工作——在马萨诸塞州联邦高速公路工地干活。暑假期间我思考了很多，觉得自己是时候做些改变了。在海滨木板道上担任"话筒男"的经历让我明白，新环境能够为我提供一个重塑自我的良机。高中三年我从没参加过校园舞会，也没有一次约会经历。因为我太害羞，不好意思约女孩子出来。同学们都认为我很腼腆，这一评价影响了我的自我概念，自我概念又反过来束缚了我的行为。后来我才知道，这种现象叫作"自我实现预言"。上大学可以将过去一笔勾销，我可以在新环境里按自己的意愿重塑自我。我想如果自己待人接物时落落大方，新朋友们就会认为我很开朗。

1950年秋季到布兰迪斯大学读书后，我立马行动起来，告诉自己无论如何要多与外界接触。我结交了一些密友，他们大多个性强硬、言辞犀利、聪明绝顶，擅长冷嘲热讽。从一开始我就认识到，要想与他们并驾齐驱，我就得学会反击。过去我很脆弱，现在为了保护自己，我给自己打造了一个坚硬的外壳。我也开始和女孩约会，几个月之后我发现自己颇有女人缘。我有了固定的女友芭芭拉，她是个人缘极好的漂亮女孩。慢慢地，我不再认为自己是笨头笨脑的小男孩了。芭芭拉告诉我，她的朋友们称我们是校园里最迷人的一对。

每晚我在快餐店从 7 点工作到 10 点，而女生宿舍 11 点就要关门。芭芭拉会在快餐店快关门的时候来找我，俩人就能在一起待上一小时。那时候没地方亲热，更别说做爱了。我们不能去宿舍，因为女生宿舍禁止男生进入。当然也不能去旅馆，即便付得起房费，也得结了婚才行。旅馆前台总用怀疑的眼神打量没戴婚戒又神情紧张的年轻情侣。因此我和芭芭拉只能在汽车后座或者昏暗无人的投币洗衣房里亲热。

第一个月我们只是接吻和抚摸，经常达到高潮，但并没有进一步的动作。直到一天晚上在朋友的汽车后座上，我才完全进入她的身体。这是我的第一次，难言的快感传遍全身，心中对芭芭拉充满了感激。

几分钟后芭芭拉问我："你进去了吗？"

"你不知道？"我反问。

"不知道！我当然不知道！你真的进去了？那就糟了！"

"我以为你愿意。"

"我不愿意。我是处女——以前是。"她开始哭泣。

"天哪，芭芭拉，实在抱歉。"

我心中的兴奋和感激之情骤然退去，代之以罪恶感、悔恨和迷惑。她怎么会不知道？我像往常一样开

自我实现预言
Self-Fulfilling Prophecy

最初持有的某种错误的期望引发某些行为，最终使期望变成现实的现象。例如人们相信某银行即将倒闭，纷纷排队提款，于是他们错误的直觉便创造出银行倒闭的事实。

车将芭芭拉送回宿舍，跟她吻别，脑子里却想着刚才发生的一切。我的确没经验，但也没那么幼稚。芭芭拉当然知道，她肯定知道。我恍然大悟，原来我们正在表演一出情爱剧，扮演着各自的角色：她假装不知道我进入她的身体，我也假装不知道她在装腔作势。接下来的几个月里，我们时不时这般"不小心地"做了爱。不过后来俩人都心照不宣地卸下了伪装。

一天晚上我和芭芭拉分开后回到宿舍时已过了11点，一打开门，发现贾森正在屋里等我。

"又跟芭芭拉在一起？"他问，"你这样哪有时间学习？你该把空余时间用于学业，而不是跟芭芭拉鬼混。考试不及格你会被退学的。"

"怎么回事？"我说，"我是跟老爸待在一间宿舍吗？别烦我了。"

"我不是你老爸，我是你哥哥。我希望你能在这所大学里有更多的收获。"

"我已经收获良多。"

"好吧，随你的便，"贾森一边往门外走一边扔给我一盒避孕套，"你还是小心为妙。"

贾森指责我学习习惯不好是有道理的，不过这与芭芭拉无关。进入布兰迪斯大学不久，我就发现自己根本不知道如何学习，连笔记都不会做。我坐在教室里边听课边鬼画符般地记录，期中考试前翻出笔记，连自己都看不懂。

那次考试考砸了，我也吸取了教训。以后每节课后我都会找一个小角落，有时就在教室外面的楼梯间，把课上做的潦草笔记通读一遍，认真写出一两页概要。这些概要就是课程的核心内容，还能反映出教授所讲知识点的范围和框架，以及讲课内容与阅读材料的联系所在。掌握提炼知识精华的技巧要走很长的路，而我已迈出了第一步。通过对课堂笔记进行浓缩，我把握到了教授的思维过程和思考方向。我发现自己正学着去热爱学习，最重要的是，我学会了批判性地思考并质疑未经证实的论断。平生第一次，我理解了学生的职责，第一学年下学期就拿了全A。

政治觉醒

我在布兰迪斯大学还经历了强烈的政治觉醒，事实上，正式上课前我的政治觉悟就被唤醒了。新生报到周的某天晚上，我与指导我们的学长斯蒂夫在宿舍休息厅有过一次长谈，话题是参议员约瑟夫·麦卡锡[①]。讨论很快就变得激烈起来。在里维尔，我认识的每一个人，包括我的老师和同学们，都认为麦卡锡是一位英雄。我上高三那年，他到处演说，从共和党妇女团体讲到参议院，宣称共产党员已经混入国务院并位居要职。他总是郑重其事地举起一页纸，宣布道："我手上就有一份国务院里

[①] 约瑟夫·麦卡锡（Joseph McCarthy）：美国政治家，共和党人，极端狂热的反共产主义者。——译者注

的共产党员名单！"对于国务院居然允许这些危险分子参与制定外交政策，他表示出极大的愤慨。

高中老师们也在说共产党员已经混进国务院的事，我感到十分焦虑，同时非常崇拜麦卡锡。我一直认为苏联是邪恶和残暴的化身，因此也觉得美国共产党员都是潜伏的间谍，理应被揪出来接受惩罚，而麦卡锡正是这么做的。我身边其他人都这么想，历史老师还曾援引前美国大使约瑟夫·肯尼迪（Joseph Kennedy）的评价，称麦卡锡既是战斗英雄，又是和平英雄。在里维尔，我和父母、朋友只看赫斯特集团（Hearst）旗下的小报《波士顿每日纪事报》（Boston Daily Record）。该报大肆渲染共产党员的恐怖行径，称赞麦卡锡是民主的救世主。结论显而易见：我们若想自保，就得铲除共产党员。正好麦卡锡手上有这些人的名单，问题解决了。

然而在布兰迪斯大学，我发现自己仿佛置身于一个摆满镜子的大厅。令我震惊的是，斯蒂夫和宿舍里大多数新生居然认为这是一个有争议的话题，他们认定麦卡锡的声明是轻率而不负责任的，实际上他本人对民主的危害远大于国务院里任何人。大家指出，麦卡锡手上黑名单所列的共产党员人数根本不可信。他一会儿说国务院里有205名正式的共产党员，一会儿又说有87人抑或79人。而在参议院，麦卡锡则说有57人。

"请注意，"斯蒂夫向我喊道，"他其实从未说出任何一个黑名单上的名字！"我强词夺理地争辩道："即使提一个人的名字也显得多余。"斯蒂夫反驳道："泰丁斯委员会（Tydings Committee）已认定，麦卡锡手上所谓的黑名单就是一场骗局，国务院里根本没有间谍。"

我听得目瞪口呆。头一回，我自认为绝对正确的观念受到猛烈冲击，还遭到嘲笑。这个泰丁斯委员会到底是什么来头？怎么会有人认为麦卡锡是危险分子？他不是爱国主义者吗？说不定斯蒂夫和其他一些同学本身就是共产党员。但我很快意识到，这种争论不仅仅是看法和喜好的问题，比如你是否对某部电影情有独钟，或者你认为乔·迪马乔和泰德·威廉斯哪一位是更出色的全能型棒球选手。我们争论的是冰冷的事实，关乎一个很重要的问题，即麦卡锡手上是否有一份共产党员黑名单。我突然明白了，得靠自己设法求证。无论是里维尔高中老师和同学的观点，还是布兰迪斯大学思想活跃的同学的主张，我都不能不加鉴别地接受。

和斯蒂夫争论时，他大声地向我提了一个建议："你为什么不去读读《纽约时报》？别再看《波士顿每日纪事报》了。"这条建议本身令我汗颜，因为它暗示出我有多幼稚。我的第一反应是："为什么我要读《纽约时报》？我是波士顿人，又不是纽约人。"但私下里我决定听从他的建议。第二天我就去图书馆翻阅《纽约时报》上有关麦卡锡的报道。读罢我不得不承认斯蒂夫是对的，《波士顿每日纪事报》失实之处颇多。

之后的几个月我了解到，泰丁斯委员会是参议院下属的一个小组委员会，负责对麦卡锡的指控进行调查，最终结论是国务院里根本没有共产党员，而且国务院一直都有严格的审查制度。不久，我这个大学新生的天真心灵遭受了更大的冲击：泰丁斯的报告提交到整个参议院，大家开始讨论是否接受调查结论，投票结果居然与党派的划分完全一致。也许这只是见仁见智的问题！就像红袜队的粉丝偏爱泰德·威廉斯，扬基队的粉丝偏爱乔·迪马乔一样，共和党参议员一致接受麦卡锡对国务院的指控，民主党参议员则一致否认。

哇，我想这就是大学，能学有所获的地方并不限于课堂。这件事给我的启迪是：事实可以被意识形态歪曲，在里维尔形成的盲目的爱国主义，令我们对一些领导人的非道德行为视而不见。我发誓从此以后要以开放的心态亲自了解事实真相。过去我一直视苏联为民主制度的严重威胁，如今才头一回得知，出于人道主义和理想主义等目的，20 世纪 20 年代至 40 年代，成千上万的美国人加入了共产党，而我却如此轻率地把他们通通划为间谍或卖国贼。

大学里的第一个月，我异常矛盾。一方面，我希望自己的国家安全，可整个 20 世纪 50 年代核武器战争的威胁都显而易见。另一方面，我开始明白公民自由的重要性。高中老师在历史课和公民学课上讲美国是一个伟大的国家。但如果这个伟大的国家剥夺了守法公民的言论自由、保留自己政治观点以及工作不被干涉的权利，那这些对祖国的赞美都是毫无意义的。这种观点对 1965 年以后成年的人来说很容易接受，但在离第二次世界大战结束还不到 5 年的 1950 年，人们对"爱国"这个词的理解和战时仍然没什么差别。我对麦卡锡的计谋了解得越多，就越觉得他如同一个无法无天的校园小混混，粗暴地践踏着人民的名誉。他的调查是一种蓄意盘查，目的就是恐吓和羞辱那些受害者。

1951 年夏天，我回到里维尔，空闲时跟棒球队的一些发小在鲍勃杂货店闲逛。我们主要讨论足球和性，当谈到共产主义话题时，我立马说出自己对麦卡锡和他的猎巫运动的反对意见。说话间，我的眼角瞟到比利·麦克唐纳正向阿尔·罗斯使眼色，就问："怎么啦？"

比利大笑着说："大学里教的吧？"我忙争辩说："任何在报纸上关注这个话题的人都会知道……"讲到这里，我稍作停顿，话锋一转："是的，你说的没错。"我意识到比利说对了一半。这些观点不是大学课堂教给我的，但我确实是在大学里学到的。如果还待在里维尔，我对麦卡锡的看法肯定不会改变。

那年夏天，我再次和比利抡起铁锹，挥起铲子，在高速公路建设工地干活挣钱。与此同时，我收到两封学校教务长的来信。第一封信是6月下旬收到的，祝贺我在第一学年取得了优异成绩。一周后，我收到第二封来信，通知我因学校经费紧张，不能再向我提供学费资助了。满心的希望破灭，我心酸地猜测，教务长可能把有限的奖学金留给了新生，也许他觉得我已经是上钩的鱼了。确实如此，我已经深深地爱上了学习，谁都无法阻止我重返布兰迪斯大学校园。

暑假里我挣够了学费，却无力支付住宿费。学校离里维尔太远，没法走读。我曾在贾森宿舍的地板上睡过几夜，但清洁工发现后告知学校了。我被叫到教务长办公室，教务长警告我，宿舍管理条例十分严格，如果再因留宿被抓，我就会被学校开除。

于是大二第一学期我四处找地方睡觉。晴天我就睡在校园周围的树林里，雨天就设法找没上锁的车，钻到车后座睡觉。一天晚上我从酣睡中惊醒，发现车子竟然在移动。司机是个叫哈维的小伙子，正和女朋友驶往一个有名的约会地点，叫作"鸭子喂养和集散地"（Duck Feeding and Parking Area），学生们暗地里称那里为"鸭子撒尿和骂娘地"（Duck Peeding and Farking Area）。毫无疑问，他们根本不知道我睡在后座。怎么办？我决定还是沉默为妙。但 20 分钟后，我听到拉链拉开的声音，决定还是现身。我轻轻地清了清喉咙，他们惊得跳起来，仿佛听到了警笛。哈维回头认出是我，忙对女友说："亲爱的，没事，那是埃利奥特。"显然同学们都知道我居无定所，他们好心地把我送回学校，让我再找其他车子睡觉。

我就这样过着如履薄冰的日子，稍不留意就会失去求学的机会。白天，校园自助餐厅是唯一能吃饭的地方，但得签一份订餐合同才能就餐。我只能在餐厅经理"严厉先生"（我断定那是他的真名）警觉的目光下，偷偷从朋友手上讨得午饭。"严厉先生"跟宿舍清洁工一样，总是对不速之客保持高度警惕。他一转身，我朋友就偷偷把盘子推到我那边，让我风卷残云般一扫而光。这样的就餐方式毫无优雅可言，却能填饱我的肚子。晚上运气好时，我能在打工的快餐厅狼吞虎咽地吃下自己私藏的汉堡。

这段历史听起来像是出自狄更斯的小说，更像祖父以前常挂在嘴边的那段被美化得十分浪漫的故事：沙俄时期他常常赤足穿越暴风雪，步行去上学。我的经历毫无浪漫可言，但我甘愿承受这些小小的艰难困苦。教授讲课再枯燥我也从不翘课。我想，自己若是逃课，就如同拼命挣钱买了戏票却没去看一样愚蠢。那个学期我靠打工攒够了钱，在校外租了房子。马萨诸塞州的严冬到来时，我终于有了自己的栖息地。

冬季学期开始时，按学校规定我要申报主修专业。我很想报自己感兴趣的文学或者哲学专业，却突然记起经济大萧条时期父亲那绝望的表情，保不准下一个经济危机说来就来。所以我想，学点毕业后能糊口的实用知识和技能也许是更明智的选择。于是我不太情愿地申报了经济学专业。

偶遇马斯洛

我和芭芭拉顺利交往了一年半。那时候的恋人关系很少有能维持几个月的：要么分手，要么订婚。我和芭芭拉都意识到，尽管两人都深爱着对方，但却无意成为彼此的人生伴侣，于是我们分手了。

一天下午，我和一位打算深交的迷人女孩一起喝咖啡。突然，她看了看表说上课要迟到了。我决定陪她一起上课，这样两人就可以手牵手地坐在教室后面。这门课叫作"心理学导论"，授课教师亚伯拉罕·马斯洛是布兰迪斯大学新聘的教授。我们走进教室时，马斯洛正在从心理学角度阐述种族和民族偏见。

我听后震惊万分，他提出的问题不就是10年前就困扰我的那些难题吗？那时我坐在里维尔的马路边上，擦着流血的鼻子，不明白为什么这些爱尔兰天主教徒如此痛恨犹太人。偏见从何而来？是与生俱来的，还是后天习得的？若和自己讨厌的群体中的成员有过愉快的交往经历，是不是会改变这种偏见？抑或持有偏见者只是把这种经历当作例外而不予重视？此刻我才知道，原来有一门学科能解决我的这些困惑。我着迷了，放开身边女孩的手，开始记笔记。那一刻，我失去了女孩，却找到了天堂。第二天我就转到心理学系了。

那时候布兰迪斯大学还是一个不太正规的小学院，乡下味十足。布兰迪斯大学创建于1948年，两年后我进校时仅有500名学生，还没有一个学生从那儿毕业。心理学系4位全职教授的办公室也不在一般的教学楼里，而是位于校园旁边里奇伍德街上一栋舒适迷人的小洋楼内。教授们常常在客厅开研讨会，学生们总爱在那里逗留，一边读书，一边跟教授们交谈，彼此越来越熟悉。

转到心理学系后，我经常待在小洋楼内跟马斯洛学习。他既是一位能够启迪学生心智的教师，也是一位富有远见的思想家。马斯洛魅力四射，但不会使人联想到"炫目逼人"这样的字眼，而是散发着一种温和的吸引力。他说话轻声慢语，而且富有哲理，一句话说到一半常常停顿几秒，抬头望着天花板，吹着几不可闻的不成调子的口哨，思索着最确切的字眼，但我们总是认真地倾听他所说的每一个字句。听他讲课令我受益良多，但我更喜欢跟他私下交流。

当时心理学有两大主导学派：行为主义学派和精神分析学派。马斯洛持有革命性的观点，认为这两种研究方式都没能揭示出人性本质或是人类发展的可能性。他尤其鄙视行为主义学者，觉得在实验室人为控制的环境中研究老鼠和鸽子的人根本提不出关键性的问题，更别说回答了。他同样反对精神分析学家对人性进行过于阴暗的描述。该学派主要研究神经衰弱、心理防御机制、

> **偏见**
> **Prejudice**
> 对特定团体的人所持有的敌意或负面的态度，只因为他们属于那个团体。严格来讲，偏见有正面和负面两种，但社会心理学家通常用它解释对别人的负面态度。

生存焦虑和潜意识冲突。

马斯洛提出，心理学应该发展出第三种学派来取代这两种主流研究视角，新的学派应从人文主义和哲学视角研究人的本性和动机。他主张心理学家观察和访问健康而成熟的人，了解他们的情感和思维活动，研究他们如何应对人生的挑战，比如他们是如何面对逆境和贫困的。

马斯洛还将人的需求进行了层级划分，最低层级是对食物、水和安全的需求，最高层级是光辉灿烂的超越动机，即自我实现。马斯洛认为自我实现是人类的终极目标，因此他希望心理学家研究如何更好地达到自我实现的目标。

"自我实现"的概念立刻在我心中激起共鸣，其中蕴含的"超越"理念正与我的人生理想，以及我对自己人生经历的理解相契合。但这一概念仍然比较模糊，马斯洛在著述中以及跟我的谈话中不断改变自我实现的定义。我想那时我就算是一位菜鸟级科学家了，因为我一直设法让他将此概念明确地表述出来。

有一次我问他，"终极目标"的说法是否意味着人们是在有意识地渴望自我实现。他哼哼哈哈地吹着口哨（完全不成调），仰望了一会儿天花板，然后答道："我觉得'渴望'这个词说得太重了。自我实现并不是一个人刻意追求的目标。当需求层级中的其他需求得到满足后，自然就会有自我实现的需求。通往自我实现的旅途是没有尽头的，任何人都不可能达到自我实现的终极目标，如果有，那一定是圣人。"

"这么说肯定不包括我！"我说道。马斯洛大笑着说："也不包括我！"

在一次研讨会上，马斯洛列举了人们在自我实现过程中的主要特征，包括：自然地表露自己的情绪和思想，笑看人生的困境与烦恼，乐于解决问题，有开放的心态和无私的爱心，不持偏见，敢于自嘲，有坚定的主见，能无视反对意见坚持走自己的路。马斯洛对这类人的描述很像他对自己的评价，我们几个学生还为此嘲笑他。他坚持说这些个人特质的总结来自实证研究。

当然，他的"实证"概念不甚严谨。马斯洛说他观察和访谈了好几百人，并分析了爱因斯坦、埃莉诺·罗斯福、弗雷德里克·道格拉斯和简·亚当斯等名人的生平资料。我同意他列举的这些名人都是追求自我实现的人，但几年后我就发现他的推论有致命的弱点：这是循环论证。我们如何知道爱因斯坦等人是追求自我实现的人？因为他们具备自我实现之人的特质。那么自我实现之人的特质又是什么？就是爱因斯坦等人身上所显现的特质。

自我实现
Self-Actualization
当人们最基本的生理需求和自尊被满足后，就会追求更高层次的心理需求，这是人们充分发挥潜力的动力。

以今天的标准来衡量，马斯洛算不上一位科学家。科学家所阐释的理论能够被证实或证伪，而马斯洛的理论表述得不够明确，没法验证。当我追问他有关偏见的问题时，他只回答说他确信偏见不是天生的，而是后天习得的，因此偏见可以被纠正，良好的环境可以教化出同情心和利他主义。但他始终没有给出具体的方法。

虽然马斯洛的答案令我有些失望,但这份失望也令我有所收获。我希望他能回答我所有的疑问,希望他是我未曾拥有的完美父亲,不过他显然没法做到。"别纠结了,"我安慰自己,"他已给了你很多。"马斯洛是我的第一位导师、我亲密接触的第一位长者、第一位对我的生活和学业都很上心的人。一次课堂口头报告后,他特地把我拉到一边,先赞扬我的表现,随即对我嘲讽尖酸的表述风格提出异议:"你的利刃上没有毒,但却让人退避三舍。"虽然他对我的关注让我受宠若惊,但讽刺式言语风格是我展示阳刚之气的方式,因此我还不打算改变。大多数时候我觉得自己依然很腼腆,犀利的说话风格可以稍加掩盖这个缺点。

马斯洛还给我注入了充满生机而影响深远的人文主义观,他四处宣讲他的观点,这是他人生快乐的源泉。他的很多教诲都让我受益终身,对我影响最大的是他对人类发展的乐观态度,他相信人们拥有成长、学习和改善自我的潜力,社会也可以变得更健康。这种乐观主义已融入我的血液。受马斯洛的影响,我决定运用心理学的智慧和知识去改善人类的境况。虽然当时这只是一个模糊的想法,但却是马斯洛送给我的一份厚礼。

女神薇拉

不过此时此刻,马斯洛送给我的最好的一份礼物还没出现。大四那年他雇用我和另一名学生当他的助理,给他打杂。对方是一名出众的女生,名叫薇拉·瑞宾柯。她是马斯洛的得意门生,马斯洛将她视为已经沿着自我实现道路走了很远的人。而且马斯洛正在当红娘。当时有两名心理学系一年级研究生正热情地追求薇拉，但马斯洛觉得两人跟薇拉都不般配，认为也许我能赶走他们。

薇拉在匈牙利长大，是纳粹大屠杀的幸存者，17岁时移民美国。她聪慧美丽，周身闪耀着一种静谧的气质。在布兰迪斯大学的前三年，我只能在远处默默地欣赏她，两人并不相识。薇拉的学识素养远胜于我，她和她的朋友都具有学者风范，似乎和我的社交圈没有什么交集。

我一直以为我和薇拉通往布兰迪斯大学的求学之路没有太大差别。几个月后，薇拉向我讲述了她的故事。薇拉生于1930年，有个幸福的童年。她家在布达佩斯市中心，经常去近在咫尺的歌剧院观看演出。然而到了20世纪40年代，匈牙利本土纳粹组织箭十字党与极权政府合谋屠杀了一批犹太人，并将其他犹太人驱逐出境。薇拉的哥哥乔治被抓进布痕瓦尔德集中营，薇拉死里逃生。最后苏联军队终于打败德军，将德国人赶出了匈牙利。1947年，薇拉来到美国，被巴尔的摩的一个家庭收养。因为听不懂英语，进高中的前几周她一直哭哭啼啼。但她学东西很快，三年后便以班级第五名的优异成绩毕业，获得布兰迪斯大学提供的连续四年的奖学金。

后来我发现，过去的悲惨经历留下的心理阴影，令很多纳粹大屠杀的幸存者在多年后依然深陷愤世、狂躁和悲痛的情绪中无法自拔，这些情绪的发泄对象包括纳粹分子、普通德国民众，甚至整个人类。但包括薇拉在内的一些人却走上了另一条道路，他们决定捕捉生活赋予的每一份美好。

我们一起散步时，薇拉常常停下来看孩子们玩耍。在我眼里那不过是一群小孩子，但薇拉总能引导我发现这幅画面中的美妙与神奇。薇拉的眼中仿佛没有平凡的事物，甚至每一次日落都是一份礼物。她还培养了我对高雅艺术的欣赏品位，教我欣赏舒伯特的三重奏、莫扎特的歌剧和梵·高的绘画作品。对我这样的年轻人来说，这无疑是启蒙课程，在毫无艺术气息的环境中长大的我严重缺乏审美情趣。不久，多年前提醒我离开芭芭拉的直觉，如今召唤我向薇拉靠近。那个小小的声音在说，有过世间最惨痛的经历后，她依然能在身边的点滴小事中感受快乐和美好，如果能和这样的女人共度一生，该有多么美好啊！

与芭芭拉以及其他几位我交往过的女孩不同，薇拉是个直性子。她在恋爱中从不受限于普通的游戏规则，而是想什么就说什么。她如果说"不"，决不是在掩耳盗铃，不会表示"无论一小时、一个星期还是一个月时间，只要我假装不知道的事情，你就得认为我真的不知道"。而当她说"是"，就真的表示她十分清楚如此回答的原因，以及这对她、对我们意味着什么。我爱上了她，她也不可思议地爱上了我。

10年后我才得知，不仅马斯洛在"谁将掳获薇拉芳心"的打赌中押我赢，其他心理学教授也是。我跟薇拉第一次约会时，里卡多·莫兰特还只是新来的助理教授。他后来告诉我，每一次心理学教授们开会时，都会讨论谁会赢得薇拉的芳心。莫兰特还笑嘻嘻地提醒我，薇拉在他的实验心理学课上拿了 A，而我只拿了 B+。

我和薇拉打算结婚，但我们面前还存在一道障碍。我早已下定决心，没有明确人生目标之前绝不结婚。毕业的日子越来越近，我越发感觉前途一片迷茫。马斯洛一直想让我从事跟临床心理学相关的职业。我听从他的建议申请了几个研究生专业，被顺利录取了。

为了积累临床经验，也为了维持生计，每逢暑假和周末我都在布莱顿的圣伊丽莎白医院精神病房当护理人员。其中一项工作是协助医生为病人实施电休克疗法。我得按住病人的肩膀和臀部，以免治疗中病人的身体因抽搐而移位。慢慢地，我与几位病人建立了友谊，他们病愈出院时我由衷地为他们开心。令人沮丧的是，几个月后他们又回来了。我发现那时的治疗手段，比如精神分析、电击疗法和大剂量镇静药，最多只能暂时缓解病情，对重度抑郁症和精神分裂这类严重的精神疾病几乎没什么疗效。医院如同一扇旋转门，重复着不变的步骤：病人入院—接受治疗—病情好转—出院回家—再次复发—再度入院。在医院的所见所闻动摇了我想成为优秀临床心理学家的理想。由于没找到其他中意的专业，我放弃了去那几所学校读研究生的机会。

我始终坚持认为，每个人都需要依次明白两件事情：第一，我将何去何从？第二，我将与谁同行？那时正值大四的春季学期，一个月后就要毕业了，我已经知道我将与谁同行，却不知道何去何从。

幸运之神意外降临。距离毕业只剩三周时，马斯洛突然收到卫斯理大学心理学系主任戴维·麦克莱兰的一封来信。为了给本科课程配备助教，麦克莱兰开设了一个小规模硕士专业，但当年居然没人申请这个专业。焦急万分的麦克莱兰写信给马斯洛，问他那里是否有聪明好学、目前又尚无深造计划的心理学专业学生。马斯洛把这封信钉在他办公室外的公告栏上，立刻被薇拉注意到了。她一反平日的淑女风范，一把从公告栏上撕下信飞奔着找到我，把信递给我说："亚伯拉罕就是想让你去！这个研究生名额简直就是为你而设的！"我想了想回答道："也许真是这样。我不想当心理咨询师了，如果去卫斯理大学，我也许能学到如何成为一位优秀的大学老师。"

我立刻给麦克莱兰打电话。几天后我和薇拉借了一辆车开到卫斯理大学，和他谈了一个下午。我们相谈甚欢，他不仅当场给了我一个兼职的助教职位，还答应让薇拉在他的实验室里专职做研究。我们顿时有了经济保障，更重要的是我找到了自己的人生目标。没有什么可以阻挡我们结婚了——除了弗雷德舅舅。

母亲虽然喜欢薇拉，但她更看重长期的经济保障。薇拉不像芭芭拉那样有良好的家庭背景，因此母亲对这桩婚姻有些担心。她向姨妈们吐露了心事，于是范戈尔德家族决定再次召开家庭会议。会议仍由弗雷德舅舅主持，他综合了大家的意见后对我说："我认为你犯了大错。出生背景相同的男女结婚，彼此都很辛苦。而且薇拉出生在国外，她是匈牙利人！谁知道她父母是什么人呀！而且他们都不住在美国。她没钱，也不可能继承任何遗产，你也一样。"

自从我离开家去念大学并有了不错的发展后，就不常跟舅舅和姨妈们碰面了。弗雷德舅舅的潜台词是，在他们眼里我依然是那个无能的小男孩，永远不会变成神奇小队长。

弗雷德舅舅再次给了我错误的建议，娶薇拉是我做过的最正确的决定。但如果麦克莱兰的信没有及时到来，我猜自己可能会去当兵，一边打发日子，一边思考自己的未来。没有明确自己的职业方向之前，我不会娶薇拉，至少在那个时候不会，也许我会走上一条完全不同的职业道路。借用莱奥·齐拉特的故事，我可能会错过成功逃亡的列车。

毕业那年夏天，我和薇拉把俩人微薄的积蓄凑起来买了第一辆车。以前在里维尔一起打棒球的一位发小如今当了汽车修理工。他给我们找了一辆破旧的纳什车，售价仅140美元。他说汽车的内部性能良好，就是变速器坏了。他自告奋勇到附近所有废弃汽车场搜寻，看能否找到一个性能良好的变速器。几天后他赶过来，举着一个油乎乎的东西大喊道："找到了！35美元！"随即他熟练地帮我们安装好。从那以后，薇拉就把那个变速器称作她的订婚戒指。

婚礼十分愉快，但没有按照常规仪式举办。按范戈尔德家族的标准来衡量，这是一场很糟糕的结婚仪式。他们喜欢奢华的结婚典礼，男式晚礼服当然是必不可少的，女式晚礼服、众多女傧相、6道菜的宴席和5人乐队，一样都不能少，即使新娘父母没有能力支付宴席和乐队费用也要勉力为之。平心而论，范戈尔德家族对结婚仪式的看法在当时相当普遍，但我和薇拉选择一切从简。我们并不是故意跟家里作对，也不是故意逆潮流而行，只是坚持按自己的方式生活，完全摒弃了奢侈的念头。我们只想结为夫妻，仪式和婚宴并不重要。最后双方各让一步，我们在母亲家的客厅举办了一场招待会。舅舅、姨妈和朋友们齐聚一堂，喝点杂牌酒，吃点熏鲑鱼、面包圈和海绵蛋糕。亲戚们早早地就离开了，朋友们却待了很长时间。

但最重要的还是结婚典礼，庄重的典礼中竟意外出现了诙谐的小插曲。外公本·范戈尔德坚持结婚典礼要由正统的犹太拉比主持。这虽不是我们的首选,但我们也不想跟家里人把关系弄得太僵,因此欣然接受了。外公出于对我们"新式婚礼"的迁就,特意找了一位年轻的拉比。他说:"我想你们不会愿意让一位弯腰驼背、白胡子一直拖到膝盖的老叫花子来主持婚礼。"外公选的教士果然年轻,我们的婚礼是他的处女秀。只见他战战兢兢的,话说得结结巴巴,还不时停下来慌慌张张地把手伸进口袋里掏讲稿。我斜着眼看了一眼贾森,这位伴郎此刻紧咬下唇,脸憋得通红,差点忍不住笑出来。贾森的古怪模样把我逗乐了,结果引发了连锁反应,薇拉忍不住哈哈大笑,握着婚礼遮篷杆的朋友们也跟着笑起来,遮篷被弄得东倒西歪,只有弗雷德舅舅一直保持着严肃的表情。

秋季学期即将开学,我和薇拉没时间度蜜月,结婚第三天就赶往卫斯理大学。我们驾驶着那辆纳什老爷车,从里维尔一路开到米德尔敦。老爷车虽然卖相不佳,却把我们顺利带到了目的地。棒球队的发小没说大话,在米德尔敦的日子里,它一直出色地为我们效劳。

Not By Chance Alone

第 4 章

毕生都想从事的事业
■ 我想成为什么样的人

在卫斯理大学,我受邀为"心理学导论"课程做一次客座讲座。我花了整整一周时间备课,学生们听得甚是愉快,讲座结束时教室里响起了热烈的掌声。一位善解人意的同事直奔薇拉的办公室对她说:"你丈夫的表现太出色了!"几分钟后我走进薇拉的办公室,拥着她说道:"这就是我毕生都想从事的事业!"

我和薇拉真的没有度蜜月吗？错了，在卫斯理大学的两年就是我们的蜜月。我们把家安在老兵村，那是一片由营房改建而成的宿舍区，产权归学校所有。老兵村虽地处乡村，离校园却只有大约两公里路程。每套公寓有卧室、厨房、客厅和盥洗间各一间，学校为公寓统一配了一张床、一张桌子和四把椅子。加上水电费，每月只需付38美元租金。我们为新家添置了当时研究生中流行的砖板书橱。公寓开销不大，我和薇拉又都有了工作，这意味着我们俩终于能开一个储蓄账户了。

卫斯理大学的蜜月之旅

老兵村的营房盖得并不好。房子隔音效果很差，地板总是吱嘎作响，门也是歪的，墙壁很薄，和天花板之间还有空隙。与隔壁邻居里奇和阿琳认识后，他们问我和薇拉晚上在床上读的小说叫什么名字。我们回答说是托马斯·曼①的《魔山》(Magic Mountain)。

"哦，"里奇说道，"就我听到的部分来看，这部小说相当有趣。我和阿琳经常站在盥洗间听你们读书，一听就是半个小时。对了，我漏听了一段，塞塔姆布里尼真的在决斗中杀了纳夫塔吗？"

我回答说："没有。跟证明男人尊严时经常发生的桥段一样，塞塔姆布里尼故意朝天开枪，但纳夫塔随即将子弹射进自己的脑袋，结束了这场决斗。"耐心地向里奇讲述完故事情节，我不禁有些害臊，如果能听见我们在床上的读书声，他们还会偷听到其他什么声响呢？我和薇拉意识到，不管是否在享受蜜月的甜蜜，以后我们的动静都得小点儿。

与老兵村亲切热闹的社区氛围相比，缺乏隐私只是一点小小的代价。这里的房客都是年轻夫妇，大多数在念研究生，也有一些是青年教师。大家经常在一起聚餐、打排球、闲聊。除了周围人的岁数大些、更正经些、结婚的多一些，这里和我们在布兰迪斯大学的宿舍生活十分相像。眼见邻居的孩子呱呱落地，有的已经蹒跚学步，我和薇拉开始慎重讨论是否要生一个孩子。只有22岁的我已经在考虑当爸爸了。为什么不可以？邻居们都纷纷开始养儿育女，为什么我们不行？

现在回忆起当初仓促上阵为人夫、为人父的情形，不禁觉得好笑。两年前在布兰迪斯大学念大三时，我还决定打一辈子光棍。这个想法并

---

① 托马斯·曼（Thomas Mann）：德国作家，曾获诺贝尔文学奖。——译者注

非只放在心里，我还经常向朋友、熟人和其他人大谈独身论。薇拉回忆说我们俩刚刚认识时，我就向她宣布自己是独身主义者，似乎是在给她一个警告。从小到大，我几乎没见过美满的婚姻。我的父母自然算不上恩爱夫妻，除了利奥舅舅和莉莲舅妈，其他姨妈和舅舅的婚姻中都不曾见到浪漫相爱的画面。当时犹太中产阶级家庭很少离婚，我认识的这些年长的夫妻们彼此拖累，过着单调乏味的日子，就像一对老牛拉着一辆沉重的马车。而我和芭芭拉的恋情也平平淡淡，和她结婚就意味着加入了"马车队"的行列。

然后我就遇到了薇拉，打一辈子光棍的冰冷决心被她带来的温暖阳光融化了。如今我们一起生活在老兵村，周遭是一群快乐的年轻夫妻，忙着念书和生儿育女。如此短的时间内发生了如此惊人的变化，我发现自己还有很多东西需要学习。例如夫妻争执时，我总是像一头发狂的野兽，和父亲如出一辙。从小到大我只学会了一种处理家庭矛盾的方式：提高嗓门并拍案而起。而薇拉的家人总是平心静气地讨论各种家庭争端。她父亲温和内敛，从来不会粗门大嗓地发飙，事实上他宁可让步也不愿意大吼大叫。我和薇拉应对家庭争执的方式如此截然不同，很快我就发现自己的粗鲁举动把薇拉吓坏了。

一天晚上，我们为一件无关紧要的事情发生争执，我气冲冲地摔门而出。走到一半我突然停住脚步，自言自语道："你究竟在干什么？到底想去哪里？该死的笨蛋，怎么跟你父亲一个德行！"我转身上楼回到家里。"对不起。"我满心歉意地对薇拉说。薇拉对我狂暴态度的恐惧反应令我震惊，我开始自我反省。我有些困惑：男人发怒不是很正常吗？若不想唯唯诺诺，像薇拉父亲一样处处退让，不就得这样吗？可我的暴怒已经伤害到薇拉,她根本听不进我狂吼出的任何一句话,因此两人无法平心静气地分析争执的原因。我意识到自己得找到一种坦承感受的有效方式,但需要一些时间。

我心目中理想的家庭男主人是麦克·沃特海默(Mike Wertheimer)。麦克是心理学系一位年轻的助理教授,妻子南也是一位实验心理学家。他们有两个正在蹒跚学步的孩子。麦克不仅是一流的教师和学者,也是一位超级奶爸,当时很少有男人愿意自己带小孩的。麦克经常带着孩子们散步到我家门口,两岁的女儿卡伦骑在他肩上,九个月的儿子达菲睡在婴儿车里。他常常邀请我跟他一起喝咖啡,或在村里散步。我和薇拉常和麦克夫妇以及他们的孩子一起爬山、野餐,或者只是待在一起闲聊。他们的幸福生活令我们不由得生出"为人父母真好"的感慨。

沃特海默一家是我们家举办首次晚宴的客人。薇拉尝试自学烹饪技术,设法回忆小时候在布达佩斯时她母亲是如何烧饭做菜的。不久她就做出了美味的匈牙利红椒鸡。晚宴上,麦克不仅将碟子里的食物吃得精光,还用面包蘸着残余的肉汁吃下肚,薇拉十分开心,连称麦克是最佳客人。

成就动机研究

作为年轻夫妇,我们的生活方式深受老兵村文化氛围的影响。而第一次让我们尝到教书滋味的是卫斯理大学校园,尤其是心理学系。在卫斯理大学的两年，我是系里唯一的研究生。在很多方面这是一个劣势。比如对于教授的看法、课业负担和天气之类的话题，没有同伴跟我进行交流，没人跟我分享观点和焦虑，我也没处发牢骚。在学术上，我连可以比较的同学都没有，我怎么评估自己表现的好坏呢？而且我也没机会上专为硕士生开设的研讨课，因此我全部的研究生训练就是在教授的指导下进行研究工作。

但是利远大于弊。因为我比本科生强，又因为我没有研究生同伴，教授们都把我当作他们的同事，资历尚浅没错，但无疑是被当作同事看待的。我可以跟每一位心理学教授随意交谈，大家经常共进午餐。如果教授们想休息一下，我们就散步到多尼屋。那是一个原木搭建的咖啡屋，十分温馨。在那里我们常常遇到其他系的教授。非官方心理学桌的一位常客是杰出的人类学家戴维·麦卡利斯特（David McCallister），另一位是与众不同的诺尔曼·布朗（Norman Brown），他刚刚完成对弗洛伊德的精辟分析，出版了《生与死的对抗》（*Life Against Death*）。他们视我为同行，像我的心理学"同事"一样和我热烈地讨论问题。

平等待人风气的引领者是心理学系主任戴维·麦克莱兰。打从我和薇拉来到卫斯理大学，就一直被他的温暖和亲切所打动。我们到达老兵村没几天，麦克莱兰得知公寓里没什么家具，就让我去系里借写字台、椅子和台灯。见我没办法把笨重的家具拖回家，又帮我把写字台抬进他的旅行车后备箱，载我回老兵村，接着又气喘吁吁地帮我把写字台抬上了楼。他的豪爽令我终生难忘。

麦克莱兰举止随和，作为我的导师和薇拉的老板，与他共事十分轻松。他会明确提出工作要求，但工作时间和方式之类的细节则完全由我们自行决定。事实上，每当我们带着完成的项目走进他办公室，他总是流露出惊喜的表情。他是我遇到的第一位贵格会①教徒，一位虔诚的教徒，和妻儿相处不拘小节，充满浓情蜜意。这位好好先生不仅是系主任，也是系里最优秀的学者，37岁时就完成了一本有关人格的优秀教材，还出版了一本影响深远的小册子《成就动机》(The Achievement Motive)。麦克莱兰，这位安静的贵格会教徒，一生都致力于研究成就动机，并寻求有关例证。

麦克莱兰开发了一项信度很高的测量技术，用以衡量一个人成就动机的高低。在实验中，他给被试看一幅图，图中描绘的是人们日常生活的场景，比如在一片乡村背景下，一位中年男子和一位青年男子倚着篱笆聊天。麦克莱兰要求被试根据这幅图写一个结构式的故事，说明图中的人物是谁，正在发生什么事情，结果将会怎样。

随后麦克莱兰和助手根据被试写下的故事内容对其进行成就动机评分：两个男人是在讨论修理房屋、种花还是去看电影？中年男人是在设法说服青年男人为了前途去上大学，还是在讨论饲养一头在下次市集比赛中能获奖的奶牛？通篇写着自我完善、发明创造、获得升迁、取得关键比分这类话题的人，与那些认为图中人物在谈论电影或欣赏落日余晖的人相比，具有更高的成就动机。麦克莱兰认为，被试所想象的内容可以揭示其成就动机的高低。"幻想中的任何事物都具有某种象征性，"他

---

① 贵格会（Quaker）：基督教新教的一个派别，反对任何形式的战争和暴力，主张人与人之间要像兄弟一样，坚决反对奴隶制，在废奴运动中起过重要作用。——译者注

写道,"一个人可以幻想自己飞入云霄或者沉入深渊,也可以幻想自己踩一脚弹簧就蹦到了南太平洋岛。"当然,拥有高成就动机的人是不会写沉入深渊或逃到南太平洋岛这样的内容的。

我认识麦克莱兰时,其成就动机研究已取得了一些引人注目的成果。他和搭档发现,成就动机分数比智商更适合作为学生能否取得学业成功的预测指标。在一个看似简单的研究中,他们对此进行了解释。设想你是一个正在玩套圈游戏的孩子,正要选择站立的位置。你会站得离木桩很近以确保套圈成功吗?哪怕这种成就感并不让人十分欣喜。还是会后退到根本套不到木桩的位置,心想反正套圈不是你擅长的技能?成就动机低的孩子有可能选择这两种答案,要么直接站在木桩底座上,要么站到离木桩很远的地方。

而成就动机高的孩子会选择站在跟木桩保持适当距离的位置上。在那个位置上,他可以通过不断练习来提高技能,最终成为套圈能手。按照麦克莱兰的观点,他们就像成功的商人,选择中等难度的任务,获得高额的回报。在这个案例中,回报来自不断提高技能,并最终取得高分的满足感。

薇拉是麦克莱兰的全职研究助理,很快就掌握了成就动机测量的编码体系,能够根据被试写的故事评定他们的成就动机分数。由于工作出色,她被麦克莱兰作为参照系,评判其他评分者的工作好坏。麦克莱兰一直在寻求成就动机与高成就相关性的新例证。他思索着,为什么有些国家充满了高成就之人,而其他一些国家却都

> **成就动机**
> **Achievement Motive**
> 一种对获得显著成就、掌握技能或迅速达到高标准的欲望。成就动机高的人往往愿意追求高难度的目标,并且愿意把大量时间花在他们追求的目标上。

是低成就之人？这些疑问促使他翻看马克斯·韦伯①的经典著作，研读将资本主义崛起与新教伦理相联系的章节。新教伦理认为上帝青睐这样的人：努力工作，不贪图享乐，以期未来获得更丰厚的回报。麦克莱兰推断，如果韦伯是对的，那么与天主教国家相比，新教国家就会给年轻人灌输更多的成就动机。

为了验证这一假设，麦克莱兰让薇拉从当时比较流行的小学读物里随机抽取样本。薇拉找到几位外国学生，指导他们把这些外国小学读物翻译成英文。随后，薇拉给这些故事进行成就意象评分，就像给成年人看图后想象出的故事进行评分一样。研究结果证明了麦克莱兰的假设：新教国家的儿童读物充斥着成就意象，而天主教国家的儿童读物里就很少。

我接受挑战，协助麦克莱兰寻找一种成就动机的非语言测量方法。这种方法适用于还没有读写能力的小孩，可以确定小孩最早从什么时候出现成就动机。这是很有趣的挑战，可从何处着手呢？不能从小孩子开始，因为我需要把非语言测量方法与标准化的语言测量方法结合起来。一些心理学家认为，人格特质可以通过一些非语言的方式体现出来，比如一个人走路的方式、画画的方式和写字的倾斜度等。我虽然对此持怀疑态度，但还是决定在大学图书馆的书架上仔细搜寻，寻找能够对自己有所启迪的书和文章。

---

① 马克斯·韦伯（Max Weber）：德国著名社会学家，社会学创立以来最伟大的社会学家之一，著有《新教伦理与资本主义精神》，论述了新教伦理与资本主义发展的心理驱力——资本主义精神之间的关系。——译者注

我找到的大多数文献都没有很强的说服力，但在四处翻阅时，我在 1896 年出版的《心理学评论》(*Psychological Review*)中觅得一块"小宝石"。它是一篇实验报告，题目叫作"已养成的无意识运动习惯：从与注意力的关系视角研究笔迹"(*Cultivated Motor Automatism: A Study of Character in its Relation to Attention*)，作者是格特鲁德·斯泰因[①]。没错，正是格特鲁德·斯泰因。做此项研究时，她正师从美国著名心理学家威廉·詹姆斯[②]。

斯泰因的实验是首个正式研究无意识书写现象的实验。她在一根固定在天花板的绳子上安装了一个吊带，让被试把手臂放进吊带里。吊带上装有一支笔，当被试移动手臂时，移动的轨迹就会被记录在下方的纸上。实验时，被试需要完全放松自己。斯泰因推测，纸上的笔迹将反映被试的无意识思考。虽然她的实验没有明确的结论，但后来斯泰因将詹姆斯的"意识流"概念应用到自己的文学创作中，这一实验正是她向创作道路迈出的第一步。

我还翻出一本小册子，其中有一页刊登了两位著名作曲家的乐谱手迹。我已记不得书的作者和书名，但对两份乐谱记忆犹新，一份整洁有序，一份漫卷狂草。作者说一份出自贝多芬，一份出自莫扎特，然后请读者猜测两份乐谱的作者分别是谁。书写差别十分明显，作者身份很容易辨认。作者认为以上事实证实了他的理论：笔迹（这里是乐谱手迹）可以揭示人格。当我把书带给住在隔壁的一位音乐专业的研究生阅读

[①] 格特鲁德·斯泰因（Gertrude Stein）：美国女作家。——译者注
[②] 威廉·詹姆斯（William James）：美国最早的实验心理学家之一，建立了美国第一个心理学实验室。——译者注

时，他觉得十分有趣，我也深有同感。但我认为，从科学的角度来看，作者的理论阐述毫无价值。如果只选择能够证实自己假设的案例，就永远无法验证假设的真伪。可能有很多性情暴躁的作曲家，书写却很工整。预先精心选定的一对作曲家的案例并不能证实一个假设。

虽然我没找到一丁点令人信服的图示法研究文献，但自行设计研究方法的热情却被激发出来了。我开始思考用什么来进行图示法研究。对了，涂鸦怎么样？人人都会涂鸦。我想人们涂鸦的方式也许可以反映人格中的某些重要因素。但我该怎么做呢？我不可能潜伏在公用电话亭旁边抢打电话的人的便笺，我得找到一个法子，让人们在标准化情境下涂鸦，然后检验高成就动机者的涂鸦与低成就动机者的是否确实存在差别。

我决定这么做：首先画一幅复杂的涂鸦作品，包括直线、圆圈、S形曲线、波浪线、虚线和椭圆，然后用幻灯机将这幅涂鸦投射到屏幕上，停留两秒钟，让一组大学生把所有记得的图形画出来。两秒钟内学生不可能将屏幕上的涂鸦记得一清二楚，因此他们的画作所呈现的更多是自己的涂鸦习惯，而不是屏幕上的图形。

之前我们已经对这组学生进行了成就动机标准化测试。我挑出得分较高的学生的涂鸦作品，排成一列铺在客厅地板上，再找出分数较低的学生的作品，平行地铺在旁边。我和薇拉手脚并用地爬来爬去，找寻两列涂鸦作品的区别。薇拉发现了第一个主要区别：高成就动机者笔下的线条和几何图形大多互不相连，并且是用粗线条一笔勾勒出来的；而低成就动机者笔下的线条和图形是用虚线画的，它们相互重叠，且被反复描画。例如高成就动机者一笔画出一个圆圈，而低成就动机者将同样的圆圈反复描画了五六遍。我发现了另外的一些区别：高成就动机者画成 S 形曲线的地方，低成就动机者却画成波浪线；高成就动机者倾向于将一张纸画得满满当当，而低成就动机者会在纸上留下许多空白，尤其是纸的底部。

由此我得出结论：高成就动机者以更有效的方式完成了涂鸦作品，他们以最少的心力进行了最大程度的自我表达。他们仿佛在想，能用 S 曲线表达的地方干吗要画成波浪线呢？一笔就可以勾勒的圆圈干吗要反复描画好几遍呢？在可以将画纸填满的条件下干吗要浪费空间呢？

当然，这是一个因果颠倒的解释。我之前并没有假设两类涂鸦具有任何差异性，所以即便后来得出两类涂鸦有所差异的结论，究其原因也可能纯属偶然。于是我又做了交叉验证，在一个完全不同的被试群体里检验自己的假设，结果得出同样的结论：在成就动机和涂鸦方式两个变量间存在着显著的相关关系。后来我开发出给涂鸦作品评分的标准化测量技术，并培训本科生研究助理使用这一信度极高的技术从事研究，他们的研究结果也都证实了我的假设。

麦克莱兰本人的研究表明，高成就动机者认为工作出色带来的成就感远比经济回报、别人的赞扬和认可来得重要。他们一直努力提高工作业绩，承担更多的工作责任，不为追名逐利，只为挑战自我。我们在多尼屋喝咖啡聊天时，他时常表达这样的观点：高成就动机者是创新人才。

6年后，麦克莱兰在他的杰作《追求成就的社会》(*The Achieving Society*)里提出，"成功国家"和"不成功国家"的主要区别来自其公民的成就动机。他引用并深化了薇拉所做的有关发展中国家儿童读物的研究，并采取了高度创新的方式进一步深化了我的图示法研究。他运用我的编码体系研究古希腊花瓶上的装饰画，这些画出自《古典时期陶器研究项目丛书》(*Corpus Vasorum Antiquorum*)。他发现，与和平时期相比，古希腊大动荡即将到来时绘制的花瓶，其图案更倾向于有效的图示法形式，例如有较多的 S 形曲线，图案占据更多的空间。无论是古希腊花瓶画家的作品，还是 20 世纪大学生的涂鸦之作，都呈现出与成就动机的联系。

初为人师

其实我在卫斯理大学时，投入精力最多的不是做研究，而是教学，更恰当地说是自学如何教学。因为担任助教的缘故，我生平第一次从完全不同的视角来关注教学过程，不是从学生角度（我要弄懂这些知识拿个高分），而是从教师角度（我怎样才能帮助学生弄懂这些复杂的知识）。我很幸运地拥有三位出色的教学榜样：戴维·麦克莱兰、乔·戈林鲍姆（Joe Greenbaum）和麦克·沃特海默。他们的教学风格大相径庭，但每一位的教学水平都堪称一流。一向备课充分的麦克总是带着一沓笔记去上课。他的讲课形式正规，内容明晰透彻，但鲜有自由发挥；乔是表演天才，风趣而博学，常在讲课中提及电影和文学作品，而且总能和课程内容紧密结合；麦克莱兰则秉持随意的教学风格，根本不带笔记，闲聊中却透着十足的专业范儿。

三人的教学风格都给我留下了深刻的印象。这些年来我糅合他们的教学方式，形成了自己的教学风格。我深知，只有课前准备充分，才能在课堂上随意发挥，并对学生的各种反应应付自如。我用寓教于乐的方式吸引学生聚精会神地听课，但所讲的并非笑话而是故事，有风趣幽默的，也有感人至深的。把这些故事融入教学中能够启迪学生，引发他们的深思。我学会了从日常生活、文学、哲学、电影和新闻事件中积累授课素材。

第一学年春季学期过半，麦克·沃特海默请我给他的"心理学导论"课程做一次客座讲座。我花了整整一周时间备课。因为准备充分，正式讲课时我没带笔记，自信满满地走进了课堂。我把简单的讲课提纲打印出来贴在黑板上，主要是为自己讲课提供便利。面对全班学生，静候他们安静下来时，我的心怦怦直跳。但一旦开口讲课，我的腼腆和不安就消失得无影无踪，就如同在里维尔海滨木板道打工那会儿，当我坐在扑克游戏摊位对着话筒吆喝时，所有的不安和羞涩都通通不见了。

薇拉曾问我是否介意她去旁听。我们都觉得这次讲座十分重要，我也很希望她在场。但当时卫斯理大学还是一所男校，薇拉不可能悄没声息地溜进教室坐到后排听课。坦白说，若学生发现埃利奥特的太太来听讲座而哈哈大笑，我会十分尴尬。虽然内心很希望薇拉到场，但我还是让薇拉别去。现在想来很是后悔，觉得自己真是有够愚蠢。

薇拉充分理解我的难处，但她不想错过我人生的第一次讲课经历。于是我一上课，她就在教室门外席地而坐，悄悄把门拉开一条缝偷听。课堂上，学生们听得甚是愉快，精心准备的幽默故事令他们乐不可支，发人深省的故事令他们神情肃穆。讲座结束时教室里响起热烈的掌声，薇拉赶紧跑回办公室，就怕被学生发现。麦克·沃特海默不知道薇拉一直在门外偷听，直奔薇拉办公室跟她说："你丈夫的表现太出色了！"几分钟后我步入薇拉的办公室，拥着她说道："这就是我毕生都想从事的事业。"

以教师的眼光看待教学工作，让我对自己在布兰迪斯大学的一段难忘经历有了新的感悟。大四时我注册了一门小型研讨课，叫"逻辑与科学方法"。教师是著名哲学家阿伦·古尔维奇（Aron Gurwitsch）。年过五旬的古尔维奇是个严肃的老头，说话带着浓重的口音，混杂着俄语和德语的腔调。他上课时烟不离口，总是叼着一根黑色的长烟斗。古尔维奇既严厉又缺乏耐心，只要有学生没能及时理解那些复杂难懂的内容，他就会冲对方发脾气。但我认为他是一位优秀的教师。在古尔维奇教授相当严厉的苏格拉底式激励下，我学会了批判性思考，认识到用逻辑和证据挑战根深蒂固的观念的重要性。

一天下午，我上完古尔维奇的课正准备离开，他见我胳膊下夹着一本薄薄的小册子，就问那是什么书。我把书递给他，是英文版的《人是机器》（*L'homme Machine*）。该书写于1748年，作者是法国医生、哲学家拉·梅特里（La Mettrie）。心理学史老师指定我读这本书，而且要做读书报告。我其实不太情愿做这个作业，因为自己以前从没听说过拉·梅特里，对他的核心观点也很反感，他认为人的思想和行为都像机器一样具有程式化的特点。不过一翻开这本书，我就被深深吸引住了。拉·梅特里的文笔热情又不失精准，书中有关人性的观点在那个时代具有颠覆性。而且作为当时天主教盛行的法国的一位唯物主义作家，写这本书需要相当大的智慧和勇气。古尔维奇浏览了书的前几页内容，嘴里咕哝了几句。

"喜欢这本书吗？"他问。

"十分喜欢！"我充满激情地回答道。

"噢，"教授突然用法语问我，"那你相信人是机器吗？"

"当然不信！他所有的结论我都不赞同，但作者无与伦比的论证天赋打动了我。"我说。

奇迹出现了。古尔维奇整张脸顿时变得柔和起来，眼中闪着泪光，身子微微前倾，充满柔情地将手放到我头上轻轻按了按，轻声说道："好孩子！"

平生第一次，我感受到一位教授亲近的触摸，带着难言的温情。更大的意义在于，古尔维奇让我明白，虽然对作者的观点有异议却依然爱这本书，这是一种美好的、甚至高尚的境界。当我在卫斯理大学向教授职业迈出第一步时，才更加体会到那时古尔维奇的姿势、表情和泪水所传递的含义。学生有此领悟，对教师而言是莫大的欣慰。

儿子哈尔

在卫斯理大学的第一个暑假，有三件重要的事情值得一记。第一件事情是我和薇拉决定生一个宝宝。薇拉一直想生孩子，而且要生好多孩子。眼见老兵村很多朋友开心地抚养孩子，我俩觉得生孩子并不难。而且此时我已明确了职业方向——在大学教授心理学。我打算拿到博士学位后去一个小学院担任教授，这样我就不用做很多研究，可以像亚伯拉罕·马斯洛和阿伦·古尔维奇那样，对我的学生言传身教。既然职业规划已十分明了，我和薇拉没理由不着手孕育下一代。

第二件事情就是迪克·阿尔伯特（Dick Alpert）和拉尔夫·哈伯（Ralph Haber）回到了卫斯理大学。他们以前是麦克莱兰的研究生，现在在斯坦福大学念博士，两人跟我和薇拉一起参加麦克莱兰的一个研究项目。那年夏天我们四个人成了无话不谈的朋友，从此结下了深厚的友情。拉尔夫后来成了一名杰出的认知心理学家和犯罪心理学家，研究知觉和记忆，常常作为鉴定人鉴别目击者证词的真实性。迪克则去哈佛大学做了一名发展心理学家，后来他离开学术界，成了极具影响力的精神领袖巴巴·拉姆·达斯[①]。我尊重他的转型，但还一直称他迪克。只要有机会碰面，我都会设法告诉他，从我们1955年相识开始，他并没有太多改变，这让他十分开心。

第三件事情跟戴维·麦克莱兰有关。那时他悄悄告诉了我一个非官方消息，他正在等待哈佛大学的聘书，一年后将去该校担任教授和心理

[①] 巴巴·拉姆·达斯（Baba Ram Dass）：被誉为20世纪最受推崇的心灵导师，《活在当下》的作者。——译者注

治疗所所长。他问我是否愿意去哈佛大学念研究生并担任他的首席研究助理。我回答说，我对他的邀请感到十分荣幸，一定会认真考虑的。但我坦言，自己其实想申请斯坦福大学，迪克和拉尔夫在那里过得十分愉快，让我心向往之。麦克莱兰说斯坦福是所非常好的大学："大家都称斯坦福是西部的哈佛。"他开玩笑地说道。麦克莱兰认为无论是哈佛大学还是斯坦福大学，对我来说都是很好的选择。

斯坦福大学录取了我，并提供了第一年的助教职位。究竟去斯坦福大学还是哈佛大学，我和薇拉商量了好久。我们都觉得去哈佛大学会更轻松、更保险一些，因为麦克莱兰和我彼此欣赏，与他共事十分轻松。剑桥镇[①]也是我熟悉的地方，驱车几公里就能见到妈妈和妹妹，去布兰迪斯大学也很方便，可以经常去找马斯洛。而且在东海岸，有更多机会与贾森见面，他正在芝加哥大学念政治学研究生。相反，斯坦福大学是遥远而陌生的。我从没到过密西西比河以西，事实上连费城以西都没到过。

若去哈佛大学念书，有一个因素既是最吸引我，也是最令我顾虑的，那就是戴维·麦克莱兰。我喜欢他，敬重他，但我认为自己已从他那里受益甚多，不想继续从事成就动机的研究了。如果跟麦克莱兰去哈佛大学，他有权利让我一直跟他共事，那样换导师就很困难，就好像背叛他一样。而斯坦福大学对我来说是未经开垦的处女地，除了迪克和拉尔夫，我在斯坦福大学没有任何人脉，也不受任何限制。我非常感谢麦克莱兰，他没有给我施加压力，也未曾试图用什么方式影响我的决定。

---

① 哈佛大学所在地。——译者注

当我告诉他自己选择去斯坦福大学时，他表示很失望，但完全理解我的选择，并送出了他的祝福。

不久薇拉就怀孕了，预产期在 1956 年 3 月初。老纳什车开始频出状况，让我老做噩梦，梦见这该死的家伙在去医院的路上抛锚了。而且如果我们夏天开车去加利福尼亚州（以下简称"加州"），老纳什根本无法胜任这项艰巨的任务。为慎重起见，2 月份我们决定买辆新车。

老兵村的一位朋友一年前买了一辆崭新的汽车（VW），逢人便夸他的车。现在听起来很难相信，那时奔驰在美国公路上的汽车有 99% 都是美国车。凭着良好的性能和低油耗的优势，VW 打破了美国车独霸天下的局面，而且仅要 1560 美元就能买辆新车。不过我们当时还差 300 美元。我灵机一动：犹太男子成人礼礼金！1945 年我行成人礼时，战争打得正激烈，大家都流行送战争债券作为成人礼金。当时一张债券的面值仅 18.75 美元，10 年后的兑现金额是 25 美元。也就是说舅舅和姨妈们花 18.75 美元送了我一份价值 25 美元的礼物。我兑现了债券，又把老纳什车以 175 美元出手，几乎等于 18 个月前的购买价，然后买了一辆新车。

车买得很及时。当年是闰年，2 月 29 日晚薇拉要生了。那天从下午就一直下雪。我们俩满怀喜悦，颤抖着爬进崭新的 VW，向医院驶去。雪依然下个不停。1956 年的产科病房是不欢迎丈夫的。薇拉办入院手续时我就被赶进一间没有窗户的小等候室，那里简直就像一间牢房。我进去时里面已经有一位准父亲，正一边抽着烟，一边来回踱着步。我们相互打趣起来。

"在等待第一个孩子的出生吗?"

"是的。"

"我在等待第三个孩子的降临,没什么可担心的。"他紧张地说道。

他递给我一支烟,于是我们俩都一边抽着烟,一边踱来踱去,就像那个时代好莱坞电影里的准父亲一样。大约五个小时后,一位实习护士探头进来,问我想不想看看自己的儿子。他们不许我抱他,只能透过一扇窗户注视他。随后我去看望薇拉,她显得虚弱无力,周身还散发着乙醚的味道,那时很多医院都喜欢用这种麻醉剂。薇拉非常开心,我们四目相对,喜极而泣,几乎不敢相信一个新生命被我们带到了人世间,我们已为人父母。

我们决定给儿子取名哈尔(Hal),以表达我对父亲的思念之情。按犹太人的传统,给孩子取名时要选择一位已逝心爱之人的名字,以延续对故人的思念。通常孩子的希伯来语名字要跟逝者一模一样,而英文名字的首字母要与逝者名字的首字母一样。父亲哈里名字的首字母是"H",我们就想给儿子取一个以"H"打头的名字。但为什么不叫亨利(Henry)、哈罗德(Harold)、霍华德(Howard)、霍勒斯(Horace)、休伯特(Hubert)或海厄姆(Hyman)呢?我们选择哈尔这个名字,是希望儿子像莎士比亚笔下那位令人难忘的哈尔王子一样,幼年时充满野性和冒险精神,成年后则变得贤明而睿智。

以我父亲之名给儿子取名,原本只想讨外公和母亲的欢心,对我而言不过是一个毫无意义的仪式。但儿子的名字却意外打动了我。每当抱起小哈尔,用奶瓶给他喂奶,打嗝时帮他拍背,给他换尿片,紧紧搂着他,唤他的名字时,我都常常想到父亲,想到他如坐过山车般坎坷的人生。一开始他一无所有,经过一番努力打拼终于摆脱了贫困,有了自己的店铺并跻身中产阶级。然而之后他又失去了一切,过回贫穷的生活。他不喜欢的岳父帮他免除了牢狱之灾,令他内心充满了屈辱。正当他准备振作起来时,病魔却夺去了他的生命,让他永远只能是一个失败者,一个弃妻儿于不顾的男人。如今,我迎接儿子的出世,并以父亲之名给他取名,这些经历让我终于可以敞开心扉地想念父亲,体会他的辛酸。在我的沉思中、梦境中,他频频造访,自父亲过世以来,这是第一次。

我喜欢凝视薇拉和小哈尔在一起的温馨画面。薇拉照顾孩子很是得心应手,她休了约一个月产假,4月初我们就把哈尔带到心理学大楼,两人轮流照顾哈尔。每到喝咖啡时间,我们就把他带进多尼屋,将婴儿篮放在桌子正中央。一群人围坐在桌边讨论心理学话题时,每个人都会偶尔开开小差,逗逗小哈尔。

6月初参加完毕业典礼,我和薇拉收拾行李离开了老兵村。我们计划开车横穿美国到达斯坦福大学。不过我们先跟着麦克莱兰和玛丽夫妇到 Yelping 山待了六个星期。那是位于伯克希尔山区的一个占地0.2平方千米的围居区,里面有几幢小木屋,归麦克莱兰夫妇和几位朋友所有。我和薇拉要帮麦克莱兰做点工作,但大多数时间都在逗哈尔玩,与新朋友们闲聊。一起侃大山的有当地居民,也有川流不息来到这里的有趣的游客。

我们特别喜欢一位年轻艺术家,比我们年长几岁,就住在附近。麦克莱兰和玛丽介绍说他叫莫里斯,但他让我们叫他马克。我们喜爱的一本儿童读物里有很多马克画的滑稽可爱的插图。那本书是露丝·克劳斯(Ruth Krauss)的《一个要挖的洞》(*A Hole is to Dig*)。我们和马克一起远足、游泳,一起采摘野蓝莓、讨论心理学,一起躺在夜晚的草地上看流星雨。马克向我们透露,他正在为事业的腾飞积蓄能量,从替他人画插图转型为自写自画,目前已完成了第一部作品。来年春天,我们果然收到一本马克亲笔签名的《肯尼的窗户》(*Kenny's Window*)。几年后我们兴奋地得知,这位夏日伙伴凭借一本销量很好的书获得了凯迪克奖①,书名为《野兽出没的地方》(*Where the Wild Things Are*)。

终于准备踏上西行的旅程了。我们买了一份几乎标注了所有国家公园和州立公园的大型地图,购买了睡袋、充气床,还买了一个科尔曼户外气炉,以便偶尔可以吃点热的食物,还可以给哈尔的婴儿奶品消毒。我们本打算除了雨天,每晚都睡在星星底下。麦克莱兰的一位朋友听罢对我们无可救药的幼稚报以万分同情:"每天早晨醒来,你们都会发现自己浸泡在湿乎乎的露水中,"他说,"瞧,我正巧买了一些新的野营装备,旧帐篷就送给你们吧。"

打包好帐篷,我们在 VW 的后座安装好哈尔的婴儿床垫。我认为他可能也习惯在车上呼呼大睡了。也许有朝一日,他也能在布兰迪斯大学身无分文地混下去。然后,我们启程了。

---

① 美国最权威的儿童图画书大奖。——译者注

Not By Chance Alone

第三部分

成长：研究的开端

> 我突然意识到自己已经能够从事实验研究了，那种感觉就像儿时在里维尔掌握了接地滚球的技术一样，不再因场上的紧张气氛而不安，也不会祈祷击球手把球击到别处（老天保佑，别打给我），而是希望球向自己的方向飞过来。

Not
By Chance
Alone

第 5 章

发现天赋的实验之旅
■ 无处不在的失调

　　我兴奋地意识到自己有了全新的发现——人如果经历千辛万苦才赢得某物，就会更加珍惜它。入门考验实验是我的第一个实验研究，也成为失调理论的一个经典实验。这一实验的完成也揭示出，我可能有某种天赋，能打造研究方法之匙，开启人类行为的神秘大门，我想人生中没有比这更让人激动的事了！

我和薇拉决定一路露营横穿美国大陆，既可以欣赏沿途美景，又能省钱。想休息的时候，如果附近营地没什么景致（大多数情况下都是这样），我们就只待一夜，第二天一早就出发，继续西行。但只要营地附近有风景可观赏，如国家公园、湖滨公园或迷人的小村落，我们就住上三四夜。不过我们逗留的第一站不是为了看风景，而是要探亲。我们打算去芝加哥看望贾森，在他位于南哈珀大街的单身宿舍住上几夜。

迈向斯坦福

驱车经过宾夕法尼亚州时，我们从车载收音机里听到一则新闻，说芝加哥正在流行小儿麻痹症。当时"小儿麻痹症"是最令父母恐惧的字眼，是一种传染性很强的病毒性疾病，往往导致瘫痪，尤其是小孩子。

此病在大城市传染得特别快，虽然乔纳斯·索尔克[①]新近研制出了有效的疫苗，但尚未推广开来。虽然知道哈尔受感染的概率很小，但作为年轻的父母，我们决定还是小心为妙，不去芝加哥了。

我们邀请贾森跟我们一起去印第安纳州沙丘州立公园露营，那里距芝加哥约 80 公里。贾森是个贪图舒适的人，很怕露宿野外，所以他只答应白天过来玩。但贾森来营地后与我们相见甚欢，跟侄子玩得流连忘返，所以决定留下来过夜。起初贾森拿了我的睡袋和充气床睡在帐篷外，我和薇拉在帐篷里共用薇拉的睡袋。但不久贾森就抱怨说，他总是听到身边有沙沙作响的动静。尽管我们一再保证没什么声响，他还是半真半假地说附近潜伏着伺机袭击他的灰熊，恳求睡到帐篷里去。我没有以三个大人如何挤得下双人小帐篷的托词予以拒绝。我不想那么做。

第二天早上五点，我们迷迷糊糊地爬出帐篷照料哈尔。车停在一米之外，哈尔正睡在车后座上那张舒适的儿童睡垫上。按现今的观点，让孩子睡在车里，而我们睡在附近的帐篷里，此举既奇怪又不负责任。现今许多父母都会把婴儿拴在身边，因为怕被人拐去，但当时人们对陌生人是信任多于防备的。太阳从东方冉冉升起，贾森一直注视着我们一家三口，眼里噙着泪水，激动地喃喃自语："你们有孩子了，真的有孩子了。"命里注定没有孩子的贾森，对哈尔的存在欣喜若狂。他满怀柔情，不住地伸手抚摸哈尔的小脑袋。

晚上贾森决定开车回家，让大家都能好好睡一觉。我们相互拥抱道

---

① 乔纳斯·索尔克（Jonas Salk）：美国实验医学家、病毒学家，因研制出首例安全有效的小儿麻痹症疫苗而闻名。——译者注

别时，贾森对我说："想想看，10年前我们还在亚伯·肖手下辛苦地干活。从现在起再往后10年，若幸运的话，我俩都将在大学里当教授。说不定就在同一所学校，穿着手肘处拼接麂皮护肘的粗花呢夹克，叼着烟斗，让学生记下我们所说的每一个字。好神奇！"我同意他的观点。但对我来说，更大的奇迹就发生在这两天：贾森不必再充当父亲的角色，如同在布兰迪斯大学那样苦口婆心地规劝我集中精力刻苦学习；他也不必再当大哥，如同在里维尔成长的岁月里为我引路，教我本领，保护我不被小混混欺负。人生中第一次，他以平等之心待我，甚至对我还有些尊敬，认为我不仅是一个前途看好的研究生，也是一位成功的丈夫和父亲。

随着旅程的推进，我和薇拉越来越享受露营的快乐。我们最喜欢的栖息地是落基山国家公园，足足在那里待了一周。哈尔是露营地的宠儿，每天早上我们爬出帐篷时，总会见到一群露营者鼻子紧紧贴在VW车窗上，挤眉弄眼地把哈尔逗得咯咯直笑。他们的滑稽表演为我们带来很大的好处，既能让哈尔开心，又能让我们多睡上20来分钟。不过行进到内华达州时，我们开始渴望柔软的床和热水澡了。于是我们投宿巴特山金矿镇的一家小汽车旅馆。在那里我们孕育了第二个儿子尼尔。

到达帕洛阿尔托后，我们给迪克·阿尔伯特打电话。之前他主动提出帮我们在斯坦福大学校园附近找一间公寓，但找了很久都没有找到合适的。征得房东同意后，迪克决定搬出自己租住的小洋楼，将其转租给我们。我们自然不好意思住下，他却笑说自己一直过着简朴的生活，斯坦福大学刚刚批准他做一年代课教师（当时他正

> **角色**
> Role
>
> 处于特定社会位置的人被期望表现出的行为，例如作为一名教师或父亲应该达到的一系列要求。角色理论认为，社会生活就像一部舞台剧，每个人都在扮演不同的社会角色。

在准备博士论文），我们的到来正好让他找到提升生活品质的借口。

住在小洋楼令人心情愉快。小洋楼坐落在荷马街上，这是一条紧挨着斯坦福高尔夫球场的泥路，其所在区域已发展成艺术家聚集区。尽管三个人住着有些挤，小洋楼却散发出巨大的魔力。我们竭尽所能，有效利用每一寸空间。卧室在最里面，我们把它让给哈尔。这样只要一关卧室门，他就能睡个安稳觉。我们用巨大的书橱将客厅与厨房及用餐区隔开。为了让客人在客厅待得自在一些，我们把床安置在用餐区，离餐桌仅两步之遥。因此我的朋友圈中流传着一个笑话："埃利奥特特地调整了家具的位置，好让自己从吃到睡不必多走一步路。"

到了冬天，也就是1957年初，薇拉的姐姐莉莉住进了我们家。纳粹大屠杀后莉莉留在了匈牙利。跟许多犹太幸存者一样，她对承诺人人平等的共产主义抱乐观态度。而且她是一位勤奋的音乐专业学生，想继续在布拉格李斯特音乐学院师从佐尔坦·科达伊①。当她对苏维埃政权的极权主义失去信心时，冷战时期到来，移民之路被堵死了，她只得留在那里。直到1956年匈牙利革命爆发，她才乘国内动乱设法逃到美国，最后投奔了我们。

莉莉搬来后就睡在客厅的沙发上。5月尼尔出生后，她成为很好的帮手。然而容纳三人都嫌小的小洋楼，如今却挤了五口人。一天房东路过，进屋巡视一圈后要求我们在30天内搬家。于是我们又住进了营房，就坐落在斯坦福大学的研究所里。我们觉得那个有两间卧室的公寓很豪

---

① 佐尔坦·科达伊（Zoltan Kodaly）：匈牙利著名作曲家、音乐教育家。——译者注

华，于是在那里一直住到我们离开帕洛阿尔托。后来莉莉开始教钢琴课，挣够钱就搬出去住了。

1958年12月，我们的女儿朱莉诞生了。没错，三年生了三个孩子！薇拉总想趁我们年轻时组建一个大家庭。她劝我说，目前固然很辛苦，但也其乐无穷。像以往一样，她这两点都说得很到位。我最喜欢做的事就是清早起来给宝宝喂奶。薇拉当然是用母乳喂宝宝，但她自己也需要休息。因此我负责每天早晨四点起床冲奶粉喂宝宝。

虽然我给三个宝宝都喂过奶，但喂朱莉时心中满溢的幸福滋味最为记忆犹新。我小心地揽着她，手握着奶瓶，注视着瓶中一点点减少的奶液，仿佛那就是从自己干瘪的乳房里流出来的。一开始，早上换了尿片，喝了半个小时奶后，朱莉就会睡着，我也继续回去睡觉。但三四个月后，朱莉喝完奶就不肯睡觉了。那会儿她精神头正好，嬉戏玩耍着，期待着新的一天开始。我很想抽身回去再睡个把小时，她却黏住了我。虽然困得恨不得马上爬上床，却被她一点一点诱哄着保持清醒，我只得喝咖啡提神。

多年之后，我的好朋友、诗人戴维·史旺格（David Swanger）为我写了一首诗《女儿的早晨》，字里行间弥漫着父女晨间活动中的那份美好：

为她，我开启新的一天：
暖暖的牛奶，簇新的尿片，陪她撒野陪她玩；
她天真烂漫，咿咿呀呀，

冲我唱起最美的歌；

而我正忙着

笨手笨脚地换尿片。

费斯廷格与失调理论

开学第一周，心理学系主任罗伯特·西尔斯（Robert Sears）召集所有一年级研究生开新生报到会。他首先对我们的到来表示热烈的欢迎，并介绍了必修课的一些信息，随即便话锋一转，板起脸来，令人不安地清了清嗓子，要求我们好好看看在座的各位同学。"明年的这个时候，你们现在所看到的同学里将有一半会离开，"他说，"由于我们没法准确预测研究生们的前途，所以招生政策规定，录取人数是培养人数的两倍。"教室里一片静寂，极度的焦虑弥漫其间。

那天下午我问研究生三年级的拉尔夫·哈伯，西尔斯所说的是不是真的。"哦，没错，"哈伯回答，"我念一年级时，几乎有三分之二的同学被通知走人。其实他们有的很聪明，功课也很好。当然你是不用担心的。"我点点头，心里却凉了半截，思忖道：拉尔夫并不知道我对心理学其实没什么研究。这样的欢迎仪式与卫斯理大学的一比较，让我产生了极大的心理落差。我想这就是参加大联盟①的感觉吧。

第一年我在必修课上表现很好，但远远称不上出类拔萃，两门统计

---

① 美国职业棒球联盟之一。——译者注

课的成绩尤其糟糕。虽然我很用心地学习这两门课，但总觉得像雾里看花，结果两门统计课都只拿了 B。我猜想，斯坦福大学要求学生修读两门统计学课程，说明教授们认为统计是非常重要的，因此我觉得自己很可能要被赶走了。

相比学生，我最能胜任的是助教之职，主要讲授心理学导论的研讨课。在这些研讨课上，我设计了一种讲课风格，称为"温和的苏格拉底式"风格。阿伦·古尔维奇曾展示了苏格拉底式发问的力量，但他过于犀利。他有预期答案，如果对回答不满意就会表现得很不耐烦。我不会对自己不满意的答案全盘否定，而是顺着答案的思路提出一个能激发学生思考的问题，将学生引领到一个有趣的视角里。学生们反响热烈，一直坚持来听课，说明他们喜欢我的教学风格。

拉尔夫也在秋季学期讲授心理学导论的几堂课。按系里的安排，我们每个冬季学期都会再教一次，做课程主讲教师欧内斯特·希尔加德（Ernest Hilgard）教授的助教，课上使用的教材就是他写的。在拉尔夫的怂恿下，我们俩厚着脸皮跟希尔加德提议，想合作讲授一门研讨课程，而不是老一套的助教课程。我们计划，在研讨课上，学生们不用阅读教材，而是阅读教材里提到的那些心理学家的原著，像约翰·华生[1]、斯金纳[2]、西格蒙德·弗洛伊德、赫布[3]、亚伯拉罕·马斯洛和库尔特·勒

---

[1] 约翰·华生（John Watson）：美国心理学家，行为主义心理学创始人。——译者注
[2] 有关斯金纳及其著名的动物实验，请参见《20世纪最伟大的心理学实验（纪念版）》（北京联合出版公司）。——编者注
[3] 唐纳德·赫布（Donald Hebb）：加拿大心理学家，认知心理生理学开创者。——译者注

温[1]等人的著作。希尔加德起先对我们的提议并不赞成，但考虑几天后他还是同意了，并叮嘱我们："别搞砸了。"

我和拉尔夫从希尔加德约 200 人的班上挑选了 15 名学生。除了修希尔加德的课程，他们每星期有一个晚上来上三个小时的研讨课，地点是拉尔夫家的客厅。无论是对学生还是对我和拉尔夫而言，这都是一次丰富的学习经历。学生们精读原著，小组讨论既生动又富有教益。每位学生都评价说这是他们在斯坦福大学上过的最好的一门课，其中超过一半的学生后来读了心理学研究生。作为教师的我对此感到十分满足，但作为科学家的我却不允许自己沾沾自喜。因为我深知这群学生并非从斯坦福大学全体学生中抽出的随机样本，他们是被精挑细选出来的，毕竟每位同学都清楚地意识到，研讨课需要花费许多额外的学习时间，但仍然心甘情愿来上课。

正是因为拉尔夫的提议和游说，我才有了这次精彩的教学经历。我觉得自己已经欠了他很多人情。然而一年之后，他又救了我一命。圣诞节我开着那辆小小的 VW，载着薇拉、莉莉和三个孩子去洛杉矶探望亲戚。回来的路上，我冒雨驱车经过巴捷柯峡道，那是一段两旁都是陡坡的盘山公路。当时夜色迷蒙，行至一个弯道时，一阵狂风席卷而来。我急忙向左打方向盘，车子滑过两股车道，冲下了对面陡坡。车子悬在空中时，我听到薇拉叫喊："哦，不！"那一刻我在想：我的人生难道就这样画上句号了吗？

---

[1] 库尔特·勒温（Kurt Lewin）：德裔美国心理学家，常被称为"社会心理学之父"，是最早研究群体动力学的学者。——译者注

车子翻转了一圈又一圈后终于停了下来，车轮朝上。不可思议的是，车里没有一个人受重伤。薇拉受了轻微的脑震荡，我的一个膝盖磨破了，莉莉和孩子们都没有受伤。我迅速把每个人拉出车外，从陡峭的山崖爬上公路，试着挥手向过路车求救。但没有人愿意在漆黑的雨夜停下车来帮助路边一个衣衫不整的家伙。最后我只得站在路中央，挥臂逼迫一辆车停下来。我向司机说明事故的经过，他答应到前面帮我们打电话叫救护车。他没有食言，救护车将我们送到了最近的医院，我们在那里待了一夜。

第二天早上，我给研究生同学约翰·赖特打电话，他开车把我们接回帕洛阿尔托。后来约翰和我找到出事的路段，顺着陡坡往下走，寻找那辆VW。它完全报废了，翻滚时驾驶室的门已经脱落，车子仰躺在半道上。"天哪，"约翰说，"你怎么没被甩出去？车子又滚又压的，你怎么还安然无恙？"

"多亏了拉尔夫·哈伯，"我说，"是他一直叮嘱我给车装上安全带，大概是看了《消费者报告》（Consumer Reports）之类的杂志。我讨厌装安全带，不仅价钱贵，而且你得去店里请人在车底板上打洞，然后把可恶的安全带装上去。但我最终还是装了，因为实在不想听他聒噪。"

迪克·阿尔伯特也救过我的命，不过远不是字面所表达的意思。寒假里的一天，迪克在晚饭时间来小洋楼串门，带来一个芝士蛋糕和一瓶库瓦西耶干邑。他举起酒瓶，自嘲地笑了笑说："好歹还是拿破仑白兰地。"接着他询问薇拉是否允许他和我们共进晚餐。我们越来越喜欢迪克，期待他时常不请自来的晚餐造访。迪克是我们所认识的人中最有时尚品位的,他在品鉴红酒、白兰地方面流露出的高雅品位令我们着迷。毋庸置疑,这种品位连教授都很少有,更别说还在读博士的代课教师。库瓦西耶干邑和颜色炫目的梅赛德斯车是他的标志。迪克家世甚好,父亲乔治·阿尔伯特是一位有钱有势的公司法律顾问,同时也担任纽黑文铁路公司总裁,以及布兰迪斯大学校董事会主席和其他职务。

上餐后甜点时,迪克问我是否见到了利昂·费斯廷格教授,他秋季刚刚来斯坦福大学心理学系任教。那时我还不认识费斯廷格,但对他早有耳闻。年仅36岁的他已是一颗冉冉升起的学术明星,可以说是社会心理学界最炙手可热的理论家和研究者。据传他正潜心研究一个新理论,叫作"认知失调"①。我们从统计学课上得知,费斯廷格利用业余时间发明的非参数统计技术已被广泛应用。他出色得令人难以置信。唉,我不应该用"出色"来形容他这个人,因为他也是以铁石心肠著称的。

9月以来,心理学大楼里一直在流传费斯廷格过去的故事:他在上一所学校的专横霸道和百般挖苦令研究生们倍感屈辱,使之纷纷放弃社会心理学,决定去当护林员、房产经纪人甚至心理咨询师,总之离他越远越好。那时我尚未想好自己的导师人选,正在考虑是不是跟西尔斯、希尔加德或者阿尔·班杜拉(Al Bandura)共事,后者正在进行有关儿童攻击性模仿的有趣研究。我还不确定要选谁当导师,但肯定不会选利昂·费斯廷格。

迪克说:"费斯廷格的确是一位出类拔萃的学者,

> **认知失调**
> Cognitive Dissonance
> 由于持有两个或多个不一致的认知而引起的不舒服的感觉,以及因为做了一件与自己正面的自我概念不符的行为而产生的不舒服感觉。

① 有关费斯廷格及其认知失调理论的具体内容,请参见《20世纪最伟大的心理学实验》(中国人民大学出版社)。——编者注

有人甚至称他为天才。他得好好表现，因为他是学校里薪水最高的教授之一。"迪克是很少能打听到这类消息的人之一。"作为特殊人才，罗伯特·西尔斯允许费斯廷格来学校的前两个学期都不用干活。这期间他可以安顿下来，专心建立自己的实验室，而不必教课。现在到了春季学期，他将讲授一门研讨课，可只有三位学生注册，这简直就是在浪费稀缺资源。系里认为研究生们不选费斯廷格的课是因为怕他。对了，我发现你也没注册，为什么？"

我不确定这句话是一个建议、一份战书，还是一句讥讽，但无论怎样它都发挥作用了。我不想让迪克认为我是一个懦夫。于是我说："哦，真巧，我正考虑上这门课，我会去注册的。"

我并没有立刻去注册。春季学期快开学时，我找到贾德森·米尔斯，他是研究生二年级学生，曾在明尼苏达大学师从费斯廷格一年时间，如今来斯坦福大学做他的研究助理。我问他有关费斯廷格的谣言是否属实。贾德森一脸坏笑地说："噢，并不完全对。明尼苏达大学并没有学生去当护林员。"有意思的回答，但对我没什么帮助。我觉得自己应该跟费斯廷格本人谈一谈。

我战战兢兢地走进费斯廷格的办公室，先做了自我介绍，随后说自己在考虑选修他的研讨课。我解释说，自己对社会心理学一无所知，问他有什么资料可供阅读，以帮助我决定是否要选修这门课。他仰靠在椅背上，将我细细地上下打量了一番，随即眼珠往上翻，盯着天花板咕哝了几声，好像在说："瞧瞧这些天他们都把什么样的白痴送到我这儿来了？"他有些不情愿地打开办公桌的一个抽屉，递给我一份书本大小的手稿复写本。

他问："听说你有小孩子了，真的？"我受宠若惊，觉得他似乎知道我一些事情。我以为他是想表现得友善一些，于是稍稍轻松了一点。"目前就一个孩子，是一个小男孩，刚刚过完周岁生日。"我滔滔不绝地说。但情况有些不妙，费斯廷格并没跟我闲聊，也没有笑。他又咕哝几声，指着手稿告诉我，这是他刚写完的一本书，原稿已经送到出版社了，这本是他手上唯一的复写本。他要我对天发誓，若小孩子把蓝莓酱弄到复写本上，我就要丢脑袋或者被大卸八块，两种方式任选一种。谈话到此结束。

我边走出办公室边在心里咒骂："讨厌鬼！谁愿意在小研讨室里跟这家伙待上10周？"晚上我把跟费斯廷格碰面的事情讲给薇拉听，问她有什么看法。薇拉说："感觉是挺讨厌的。你到底选不选他的课呢？"我回答说，最好改选杰克·希尔加德的课，他的研讨课听起来很有趣。而且上学期讲授研讨课的经历，也让我和希尔加德之间建立了很好的师生关系。

薇拉说："选希尔加德的课固然合情合理，也很保险。可你从什么时候开始凡事都力求保险了？为什么不先读读费斯廷格的书，看看自己是否喜欢。我会把蓝莓酱藏好的。"

晚饭后等哈尔睡着了，我开始浏览费斯廷格的手稿。书名是《认知失调理论》（*A Theory of Cognitive Dissonance*）。我随意翻阅了前面几页，只想了解他究竟说了什么观点，并不打算阅读更多内容。但书稿把我紧紧吸引住了，等回过神来已是凌晨三点钟，我居然一口气读完了这本该死的书。说实话，我从没读过如此精彩的心理学著作。时隔五十多年，如今它仍旧是我读过的最精彩的心理学著作。

书的开篇，费斯廷格首先提出了一个简单的命题：如果人们持有两种不一致的认知，他们就会有失调的感觉，这是一种负面的内驱力，就像饥饿或口渴一样。不过与饥饿和口渴不同，它属于一种认知内驱力，但一样令人不开心。结果人们就会受到驱使，像设法减轻饥饿和口渴那样，减轻认知失调。这种情况下，人们会尽力改变其中一个认知，或两个认知都改变，最终达到两个认知一致或是和谐的目的。

费斯廷格列举了一个典型例子，当吸烟者发现吸烟会导致癌症，就出现了认知失调：认知"我吸烟"与认知"吸烟致癌"不相协调。很明显，这种情况下减轻失调最有效的方式是戒烟，因为认知"吸烟致癌"与认知"我不吸烟"是相互协调的。但大多数吸烟者很难戒烟，很多人试图戒烟，但均以失败告终，循环往复多次也无效。

那么吸烟者会怎样减轻认知失调呢？他们多半将调整另一种认知，即"吸烟致癌"。他们会轻视吸烟致癌的证据，试图说服自己科学家在这一点上并无定论；他们会找寻有吸烟习惯的智者，并告诉自己，这些人都在吸烟，可见吸烟没那么危险；他们也许会改吸过滤嘴香烟，自欺欺人地相信过滤嘴会滤掉香烟里的致癌物质；他们也许会增加一个与吸烟行为相协调的认知，企图使危险的吸烟行为看上去不至于太荒谬，比如"我也许会早逝，但会过得更加愉快"或者"我就是那种酷爱冒险的胆大者"。

费斯廷格的研究就是让认知和动机相结合。正如他所阐述的，失调理论本质上是一种合理化解释诸事的理论：人们如何对所处环境和自己的行为进行合理化解释，并消除认知上的差异，从而过上（至少他们心目中认为）理性和有意义的生活。书中原创的实验研究很少，但有丰富的观点和一些引人注目的研究种子萌芽。这些种子在之后20年的专业期刊上生根发芽、开枝散叶，为社会心理学带来了一场变革。当然，当时我还不知道这些，只知道这一理论新鲜、有趣，很刺激。至少它吸引了我，为我开启了一个新的思维视角。

于是我注册了费斯廷格的研讨课。我是这么想的：他的确是个讨厌鬼，不过是个聪明、有趣的讨厌鬼。研讨课里只有六个学生，除了贾德森·米尔斯和我，还有两个心理学四年级研究生，一个想转系的社会学研究生，和一个特别聪明的大三学生梅里尔·卡尔史密斯。

研讨课既生动有趣，又令人紧张不已。费斯廷格喜欢布置很多阅读书目，大多数与社会心理学并无直接关系或关系不大。课上，费斯廷格反复问我们每一本书的内容，以及它与失调理论的联系。大多数情况下，费斯廷格并没有预先想好一个正确答案。与古尔维奇不同，他不是引领我们去寻找某个特定的答案，而是和我们一起寻找答案。但是正如传言所言，他既才华横溢又令人胆战心惊。他的问题异常尖锐，摆明了是在警告我们，最好提供有知识含量的答案，不要遗漏任何细枝末节。

教室里如同蹲着一只老虎，可能在任何时候毫无征兆地扑向你，而且往往出于一些令人无法理解或琐碎无比的原因。甚至连贾德森都不能幸免，他的遭遇更加糟糕。一次轮到贾德森做读书报告，费斯廷格让他阐述一个在我看来极小的细节。见贾德森答不上来，费斯廷格火冒三丈地斥责道："你怎么能漏掉这一点？"贾德森结结巴巴地回答了几句，但直至下课，费斯廷格一直在对他发火。当我和贾德森并肩走出教室时，明显感觉到他浑身在发抖。随后他跟我说："你瞧，我真的认为费斯廷格很喜欢我。"

费斯廷格的确严厉又残酷，但他有时也会流露些许温情、愉悦和顽皮。有时他是一个好盘问的律师，对我们百般挑剔；有时他是大侦探福尔摩斯，将我们视作一起共事的华生医生，共同抽丝剥茧地探寻复杂问题的解决办法。他也会来点即兴幽默，甚至偶尔自我解嘲，逗得我们开怀大笑。我总是怀着兴奋而焦虑的心情盼望着他的研讨课，同时学着不要过分焦虑。

学期过半，费斯廷格布置了一篇学期论文，要求我们分析塞勒姆审巫案[①]。我阅读材料后写好论文交给了他。两三天后我去助教室时途经费斯廷格的办公室，被他一眼发现。费斯廷格高声喊我的名字，示意我进去。他从桌上薄薄的一叠作业中抽出我的论文，用大拇指和食指捏着，伸直了手臂，面带鄙视的表情，将脸转开，如同那是一堆臭气熏天的垃圾。他说："我料定这是你的论文。"我被他的举动惊呆了，但还是佯装镇定地回答说："我猜您一定很不喜欢我的论文。"他盯着我，似乎看了很长时间，然后手心向上摊开，耸耸肩膀，眼里流露出我熟悉的神色，那是一种蔑视和遗憾交织的眼神。蔑视的原因很明显：我在浪费他的时

---

① 塞勒姆审巫案（Salem Witch Trials）：塞勒姆是波士顿北面的一个小镇，三百多年前，这里的人染上一种怪病。当地人认为是巫婆在做怪，并抓来一些"行迹可疑"的女人，审问她们，逼迫她们承认自己是巫婆，整个小镇的人都陷入极度恐慌。——译者注

间；遗憾的眼神是在暗示，他为天资愚笨的我感到惋惜。他说："对，我很不喜欢这篇论文。"

我接过论文，从走廊溜进助教室，在办公桌前坐了足足10分钟，才鼓起勇气翻开论文，准备阅读他龙飞凤舞地写在页边空白处的那些可怕字句。可打开一看，我惊呆了，论文里竟没有任何标记。我该如何是好？我鼓起勇气返回费斯廷格的办公室，问他："你没在论文上做任何批注，我怎么知道自己错在哪里呢？"他瞪了我几秒，然后掌心朝上耸耸肩，眼里又浮现出蔑视和遗憾的神色。他反问我道："什么？你自己都不重视自己的研究和见解，不愿意倾注更多的心血，也没能推导出合理的结论，难道要我替你做这些？这是研究生院，不是幼儿园，应该由你来告诉我错在哪里。"

我折回助教室，坐在办公桌前生闷气。刚刚度过愉快的一学期，被研讨课的学生们称赞为好老师，转眼一个月后又被心理学系最有趣的教授看作白痴。我又迷惑又气恼，无法忍受这种羞辱，当然不想跟这个混账多打交道。我期待赶快修完这门课，从此跟费斯廷格分道扬镳。

当然这些天以来，通过上研讨课，我发现费斯廷格确实是位卓越的思想家和优秀的科学家。如果耐着性子坚持学习下去，我定会受益良多。长叹一声过后，我重新拿起论文，试着从费斯廷格的角度仔细阅读起来。结果发现这篇论文的推理过程的确不够严谨，分析也不够全面，辩论也不够充分。这个混蛋是对的！现在该怎么办？如果重写一篇，他会愿意读吗？"混蛋，"我自言自语道，"怎么还是本科生的思维？重写这该死的论文，不为别人，只为自己。你有责任这样做，别管那混蛋怎么想的。"结果我真的将论文重写了一遍，我其实十分在意那个混蛋的看法。

接下来的三天，更确切地说是连续的72个小时里，我反复斟酌修改那篇论文，直到自己满意为止。我拿着定稿走向费斯廷格的办公室。门像往常一样敞开着，他正埋首读书。我不想打扰他，于是就在门口等。过了一会儿他抬起头，目不转睛地盯着窗外，似乎沉浸在自己的思绪中。我犹豫了一两秒钟，大步走进办公室，把论文重重地扔在桌上说："也许你会认为这篇好一些。"说罢掉头就走。他居然立刻放下手边的事情来阅读我的论文。20分钟后，他拿着论文走进助教室，把论文轻轻放到我面前，坐到桌角，用手按着我肩膀说："现在这篇值得一评了。"

对我而言，这件事的意义如同收到一份堪称无价之宝的礼物。当然，如果这件礼物拥有更温和友善的包装，我会更喜欢。费斯廷格以最形象的方式表明，没付出最大心血的成果他拒不接受。通过宣布修改后的论文值得一评，他告诉我，他在我身上没有白费工夫。

之后读博的日子里，当我与费斯廷格走得越来越近，并悉心观察他的行事作风时，那一刻的洞见得到了确认。他将自己的时间和精力视若珍宝，如果学生不用功，他不会在他们身上浪费丝毫精力。但如果学生的表现令他十分满意，他就会倾囊相授，并贡献出最有价值的礼物——一语中的的批评。具有讽刺意味的是，他不厌其烦的批评，正是对你最高的褒奖。

从那以后，斯坦福大学对我而言就是利昂·费斯廷格的代名词。斯坦福大学心理学系拥有一批一流的教授，但没有谁像费斯廷格一样在学术研究中兼具卓越的技能、过人的才华和严谨的态度。费斯廷格不允许我们在没有证据的情况下妄下结论。他告诫说："如果你想超越数据本身，那就是在推测你下一个实验项目的假设。"他认为妄下论断的行为不仅草率，而且近乎不道德，称其为"耍滑头"。要我说，费斯廷格喜欢的笑话正揭示出他对缜密思维和准确表达的钟爱。例如一对犹太老夫妇躺在床上。妻子说："索尔，快关上窗户，外面真冷。"索尔哼了一声，起床关上窗户，转头问妻子："现在外面暖和了吧？"

入门考验实验

学期论文事件后，费斯廷格的课还是一如既往地令人兴奋不已，但我不再畏惧他那咄咄逼人的教学风格了。课上他多次对我做出那些吓人的表情，我都视其为挑战而非威吓。研讨课上的六名同学都认为自己身负重任。认知失调理论正改变着我们对人类思维和社会影响的思考视角，而对于这个即将改写社会心理学的理念的发展，我们正有所贡献。

认知失调理论在社会影响方面给了我很大的启迪。作为一名学者和作家，我之后50年的思想都被该理论引领着：人们的态度改变之后，行为会随之而改变；但如果想让态度发生巨大的变化，首先要设法激发人们在行为上的改变，态度自然会随之改变。当时这一理念对普通大众，甚至对大多数社会心理学家而言，都是完全违反直觉的。比如你想请别人帮忙，你必须先让对方相信你是一个好

> **社会影响**
> **Social Influence**
>
> 人们影响他人的各种方式，包括因他人的观点、行动，或仅仅只是他人在场而导致的态度、信念、情感和行为的变化。

人。这个方法没错，但效果欠佳。正如后来我学生的研究所阐述的，若要获得显著的效果，你要先请他帮忙，于是他就会说服自己认为你值得他帮忙，因此认定你是一个好人，他以后就有可能帮你更大的忙。

失调理论是吹进心理学界的一股清风，涤荡着当时占主导地位的激进行为主义。20世纪50年代，几乎所有的行为都被心理学家以酬赏和惩罚的概念来解释。行为学家认为，人们之所以喜欢食物、喜欢打高尔夫、喜欢母亲，究其原因，都是因为人们从食物、高尔夫和母亲那里获得了酬赏。因此，如果我们看到一只老鼠、一只鸽子和一个人，一直做着无法获得酬赏的事情，行为学家就断言是我们的观察不够仔细，他们肯定获得了这样或那样的酬赏，否则就会停止这种行为。

失调理论承认强化原则的重要性，但指出人的思想远比奖惩原则预料的复杂。亚伯拉罕·马斯洛也曾指责行为主义的局限性，但他的观点表述含糊且未经证明。当得知是马斯洛最先培养出我对心理学的兴趣时，费斯廷格说道："马斯洛？那家伙的观点烂得不值一提。"失调理论孕育着许多可以证实的观点，其中一些后来影响十分深远。下半学期时，我们开始提出这些可证实的假说。

那时候我正巧在读一本约翰·怀廷（John Whiting）的著作，是有关非洲和南美洲土著部落成人礼仪式的研究。怀廷描述了两种仪式的差别，但没有对其起源和目的给予理论化概括。我在费斯廷格的研讨课上联想到这本书，忽然领悟到，这些对加入者进行考验和磨炼的入会仪式也许能够发挥一种作用：形成一个更有凝聚力的群体。这就好

> **社会酬赏**
> Social Rewards
>
> 诸如表扬、积极的关注、实在的报酬、荣誉和感激之心等，可以从他人那里得到的好处。

比新入伍的海军士兵经过严格的基础训练后，会培养出对军队的强烈忠诚；预备会员经过数周的磨砺后，会培养出对兄弟会的深厚感情；我在汽车里睡了一学期后，便开始喜欢布兰迪斯大学。

由失调理论可以预测，认知"我千辛万苦加入这个群体"与认知"却发现这个群体没啥意思，其成员也甚是无趣"不相协调。为减轻心理失调，大多数人就会故意忽略这个群体不好的一面，而侧重其好的一面。但自愿参加海军的人以及刻苦学习考进布兰迪斯大学的学生的行为都属于自我选择。在接受入门考验之前，他们也许已经出于喜欢的原因，选择参军或就读布兰迪斯大学。因此在检验假设时，数据之间的相关性并不充分。我需要设计一个实验项目，将被试随机分配到重度入门考验情境和轻度入门考验情境，检验是否前一组被试比后一组的更喜欢一个没有吸引力的群体。

某一天从利昂的课堂上走出来时，我把自己的假设说给贾德森听，他对此表示出浓厚的兴趣。接下来，我们花几天时间设计了一个实验项目。我们的实验研究需要建立一个虚假的研究背景，设计一个人们甘愿竭尽所能成为其会员的组织。然后随机将1/3被试分配到重度入门考验组，1/3分配到轻度入门考验组，另外1/3分配到无入门考验组。最后我们将询问被试对自己所加入组织的喜爱程度。

眼下我们面临一个难题：什么样的有趣组织才能吸引大学生们为加入其中不惜经受烦人的入门考验？我和贾德森突然想到了性。我们认为几乎所有年轻人都有兴趣谈论性。一旦小组讨论的主题确定了，实验程序便开始按部就班进行。

我们到处宣传说要征集几组学生进行几场有关性心理的讨论，结果大多数志愿者都是女性，于是我们决定只征募女性。我们跟被试电话联系，每次安排一位被试来实验室进行一个小时的一对一访谈。在访谈中，我对每一位被试表示欢迎，告诉她我是正在学习群体动力学的社会心理学研究生。我强调说，具体的讨论内容对实验而言并不重要，选择性话题只是为了吸引更多的志愿者。"但这个话题也有不利因素，"我补充说，"害羞的学生在群体情境中特别不敢谈论性话题，而任何阻碍讨论顺利进行的因素都可能导致研究结果无效，我得知道你是否能在小组讨论中无所顾忌地谈论性话题。"听到这里，每位被试都表示没问题。

至此，我们给每位被试提供了相同的指导语。如果一位被试被分配到无入门考验组，我就告知她已经成为讨论小组成员了。对于分配到重度入门考验组和轻度入门考验组的被试，我会对她们说，由于我需要绝对保证每个人都能对性话题畅所欲言，因此设计了一个筛选环节，需要她们参加一个有关难堪程度的测试。这个测试就是入门考验。重度入门考验组里进行的测试令被试甚为难堪，女学生得给我背诵包括 fuck（操）、cunt（阴道）和 blow job（吹箫）在内的 12 个淫秽词汇，以及选自《查泰莱夫人的情人》(*Lady Chatterley's Lover*) 一书中的两段色情味很浓的文字。在那个年代大声读这些文字，无论对学生还是对我而言，都是相当难堪的。轻度入门考验组的被试则要背诵一组跟性有关但不带淫秽色彩的词，比如 vagina（阴道）、penis（阴茎）和 sexul intercourse（性交）。

接下来，每位被试将听到一段有关性行为的讨论录音，我告诉她们这就是她们刚刚加入的小组的讨论内容。每位被试听到的录音一模一样，是一段被我尽力处理得缓慢、乏味而冗长的讨论。最后贾德森（他不知道被试属于哪一组）访谈每一位被试，让她们从多个维度对这场讨论和小组成员的表现进行评价，比如小组对被试的吸引程度如何、小组成员的才智和口才如何等问题。实验结果与我们的假设完全一致：重度入门考验组的被试认为小组讨论相当有趣，而轻度入门考验组或无入门考验组的被试认为小组讨论枯燥乏味（确实如此），有几位甚至立刻要求退出讨论小组。

审视重度入门考验组的被试为减轻心理失调而形成的独特认知是相当有趣的。例如，录音里有个家伙结结巴巴地咕哝说，他还没有阅读有关某种稀有鸟类求偶方式的必读材料。轻度入门考验组的被试听后觉得此人很讨厌："不负责任的笨蛋！连最基本的阅读都没完成！把整个组都搞砸了！谁想跟他做组员？"但重度入门考验组的被试却认为小组讨论十分有趣，组员富有魅力，才思敏捷。他们对那位不负责任的笨蛋很是宽容，认为他坦率的风格令人耳目一新！谁不想跟这位诚实的组员共事呢？我简直不敢相信两组人听到的是同样的录音。

得出结论时的欣喜若狂至今记忆犹新。我兴奋地意识到，自己在人类思维的研究中有了全新的发现：人如果经历千辛万苦才赢得某物，就会更加珍视它。我发现，虽然人的行为相当复杂，但也有规律可循。我的任务就是发现人类行为的规律，将其提炼成可被验证的假说，设计实验验证假说的关键部分。入门考验实验的完成也揭示出，我可能有某种天赋，能打造研究方法之匙，开启人类行为的神秘大门。多么出乎意料啊！我想人生中没有比这更令人激动的事了。理智点说，这是我进行的第一个实验研究，同时也成为一个经典的实验，是研究失调理论的一个代表性实验。

高影响实验

进行这类实验的困难之处在于，你得想法子让被试置身于一个前后连贯、引人入胜而又真实可信的预设情境中。实验者既要具备编剧、导演和演员的才能，又得遵循严谨的科学精神。在我们的实验里，实验室变成了真实的环境，真实的事情发生在真实的人身上。与传统的实验室实验相比，这种研究方式没有过重的人为痕迹，我们称这种实验方法为"高影响实验"（high-impact experimentation）。实验中我们把被试引入一个逼真的情境，确保他们的反应与在实验室外并无区别。通过设计这类实验，我发现不依靠人为或真空环境进行严谨的科学研究是可能的，事实上也是十分重要的。这是我作为实验者的座右铭。

以前社会心理学的很多研究要么调查无足轻重的现象，比如为什么同一篇文章发表在《纽约时报》上比发表在《真理报》上更令人信服，要么观察人格测试中获得高分或低分的人在不同情境下的行为差异，比如成就动机研究。费斯廷格则教会我树立创新的理念，认为科学家不能将研究局限在无足轻重的课题抑或平淡无奇的研究方法上。凭借充分的创造才能，我们能够在实验室里研究任何现象。这样就能将科学家从过分依赖人格变量的桎梏中解放出来，也不再仅仅以人的个性解释其行为。我们能够直接弄清楚是什么因素引发了人们的某种行为，因为作为实验者的我们创造了这些因素。使被试爱上讨论小组的是重度入门考验，而不是被试的儿时经历和人格因素。

高影响实验成功的关键在于戏剧性。若想实验进展顺利，剧本必须可信，实验者必须是令人信服的演员，否则无法令被试融入其中，实验只能宣告失败。大概是因为有过在里维尔海滨木板道上担任"话筒男"的经历，实验中的表演要求根本难不倒我。比如在入门考验实验中，我成功地设计出一个情境，令被试相信，通过难堪程度测试后参加小组讨论是值得一做的事情。此外，我很快就领悟到试测的重要性。由于实验的程序相当复杂，试测可以确保整个实验过程按计划进行，就如同百老汇音乐剧要先在纽黑文彩排一样。如果试测不顺利，就要回到研究设计阶段进行改进。

进行入门考验实验的第一次试测时，我邀请利昂从单向镜后面观看试测过程。试测完成后，我去他的办公室问他："实验有什么需要改进的吗？"

"没有。"

"'没有'是什么意思呢？我怎样才能做得更好？"

"实验设计十分完美，你可以着手进行正式的实验了。"

"可我下午还约了另外三位被试进行试测。"

"全部取消，可以正式进行该项实验了。"

我曾说过，费斯廷格的赞美通常包裹着批评的外衣。看来他的赞美偶尔也会以更直接的方式表现出来，就像这次他对我的实验设计居然不做任何批评。这种赞美是最高褒奖，因为我知道他这样做并非出于善意或是向别人示好，他不需要这样做，也无意为之。

不久后的一天，费斯廷格居然来向我请教。他设计了一个实验来验证如下假说：为了少许酬赏而撒谎的人，远远比为了丰厚酬赏而撒谎的人更相信自己的谎话。因为后者有相当充分的撒谎理由："我为了20美元而说谎，值了。"前者则感觉心理失衡："为什么我会为了区区1美元就说谎？我必须相信这不是谎言。"费斯廷格让研讨课上的那位本科生梅里尔·卡尔史密斯去做这个实验。整个实验像亚瑟·米勒①的戏剧一样构思精妙。

被试来到实验室后被要求完成几件极其无聊的任务：将12卷线轴装满一个托盘，而且必须用一只手将它们一个一个地放进去，然后又一个一个地将它们取出来，然后再放进去，如此反复进行半个小时。梅里尔在旁边一边观察一边记录，手里还握着一个秒表，神神秘秘地不知在做什么。半小时后他通知被试实验结束，并对对方的参与表示感谢。他向被试解释说，自己正在验证一个假设：如果人们事先被告知要完成一项特别有趣的任务，那么之后干活的速度就会比事先不知情的人要快一些。梅里尔告诉被试："你被分在了控制组，所以事先对要完成的任务一无所知。"

接下来，梅里尔对被试说，负责告诉下一位被试这项任务十分有趣的家伙刚刚打电话说来不了了。梅里尔恳请这位"控制组"的被试帮忙，代替那个缺席的家伙，并付给他1美元（或20美元）作为酬赏。一旦

---

① 亚瑟·米勒（Arthur Miller）：美国著名剧作家。——译者注

被试同意，梅里尔立刻付钱，并递给他一张纸，上面列举了称赞这项任务的几条内容，让他独自准备几分钟。随即梅里尔把被试带到等候室，里面坐着一位女本科生（实际上是我们的实验同谋），他让被试在她面前将工作任务好好称赞一番。

但是实验进行得并不顺利。梅里尔很沮丧，因为被试对实验意图表示怀疑。于是在梅里尔进行第五次试测时，我和利昂坐到单向镜后面观察整个实验程序。梅里尔头脑特别聪明，但在实验中却表现得十分木讷，这可怜的家伙缺乏人生历练。当我在海滨木板道上积累珍贵的人生经验时，他却把时间都花在了打曲棍球上。看着他在实验中的迷糊劲儿，被试对他产生怀疑的原因昭然若揭：他的表演本身令人生疑。费斯廷格对我说："训练训练他。"

我听命对梅里尔进行表演强化训练。"你不能仅仅嘴上说研究助理来不了了，"我告诉他，"你得表现出坐立不安、懊恼不已的样子，你要来回走动，绞扭着双手，向被试传递出明显的讯息：你真的遇到麻烦了。然后你要装作突然想到一个好主意，抬头看着被试，两眼放光：'对了，就是你！你可以代替他。我甚至可以付你报酬。'"

接下来的三天，我和梅里尔就像是在艺人培训班里一样，经过训练，梅里尔终于脱胎换骨了。实验进行得十分顺利，40位被试只有1人对实验产生怀疑。实验假设也得到了证实：仅仅拿到1美元酬赏的被试说服了自己，认为任务是相当有趣的；而拿到20美元的被试仍然认为这项工作枯燥无趣，当然这本来就是事实。

我热爱实验研究的每一个过程：先在脑子里形成一个观点，然后设计实验程序，并撰写剧本；之后进行彩排，训练助手；正式进行实验；向被试坦承实验的真实意图；分析数据，撰写研究论文并发表。我突然意识到自己已经能够从事实验研究了，那种感觉就像儿时在里维尔掌握了接地滚球的技术一样，不再因场上的紧张气氛而不安，也不会祈祷击球手把球击到别处（老天保佑，别打给我），而是希望球向自己的方向飞过来。

就这样，我找到了自己渴望从事的研究，正如诗人巴勃罗·聂鲁达（Pablo Neruda）在一首诗中所描绘的那样，"它点燃了我的心灵之火"。我发现了自己的天职，但如果心理学系下一学年请我走人，这不就是天大的笑话吗？要是这该死的统计课分数高一些就好了。学期快结束时费斯廷格告诉我，他打算让我给他当两年研究助理，就从下学期开始。我回答说："如果能一直留在学校的话，我当然愿意做你的助理，可我的统计课成绩不太好。"

他摊开手心，耸耸肩说："统计？不要紧。像你这样的家伙愁什么？等拿到博士学位，你可以雇一个，甚至两个统计员，到处都是。"

他这番温情的反应是消除我和他之间师生隔膜的第一步。从那一刻起，我不再将他仅仅看作一个严格的项目监工或是一位难缠的导师，而是开始视他为朋友。当时薇拉还取笑我，说正是因为我在费斯廷格手上经受了重度入门考验，所以才会喜欢上他。也许一开始的确是这样，但入门考验的实验结果无法解释，为什么人们会对一个群体（或一个人）的喜爱程度与日俱增，一直持续几十年。32年后，当我在费斯廷格的追悼会上致悼词时，想到往日他对我的严苛以及他那遗憾而轻蔑的经典表情，不禁会心地笑了。我很遗憾失去了人生中最温暖、最愉快的一段友情。

1959年我拿到了博士学位，受聘到哈佛大学担任助理教授。因VW完全报废，我们买了一辆1954年产的雪佛兰旅行车，宽敞的车厢足够容纳日益壮大的家庭——我和薇拉，三岁的哈尔，两岁的尼尔和八个月大的朱莉。我们踏上了新一轮的横穿美国之旅，这次是从帕洛阿尔托一路开到剑桥镇。此趟旅行我们有足够的钱住旅馆，而且到芝加哥探望了贾森及其新婚太太。我几乎忘记了最初吸引我投身心理学的人本主义理想。我不再考虑为世人谋福利，只想着如何做出好实验。在奔赴剑桥镇的途中，我的车厢里塞满了小孩子，而我的脑袋里塞满了各种想法。我迫不及待地想赶快到哈佛大学安顿下来，翻开人生新的一页。

Not By Chance Alone

第 6 章

哈佛园中硕果累累
■ 难以改变的自我认知

  我本来只想对失调理论进行少许修正，最终却起到重要的完善作用，将失调理论从有关态度的理论转变成有关自我的理论。有关自我的信仰是人们最重要的认知，当我们的行为或态度与自我认知不一致时，就会产生最痛苦的心理失调，这种失调促使我们通过改变态度和行为来维持自我观念。

我的童年时光在里维尔度过，我家距哈佛大学只有 11 公里。但我却觉得哈佛大学离我非常遥远。哈佛大学从过去到现在始终处在美国教育的金字塔顶端，里维尔则是市井渣滓之地。在里维尔长大的日子里，我从未听说周围的人有谁在哈佛大学念书，哪怕只待过一周时间的也没有。高中毕业那年，我们班上成绩最好的学生都被这所神圣的殿堂拒之门外，有自知之明的我自然没打算申请哈佛大学。我想，如果自己递了申请书，录取委员会多半会瞅一眼我的高中成绩，然后笑得满地打滚。但 9 年后我居然来到这里，穿着正装——粗花呢夹克和卡其布西裤，大步流星地穿过哈佛大学校园。哈里·阿伦森家害羞的小男孩如今执教的这所大学，竟是他高中毕业时打死也不敢申请的学校。

我与哈佛八字不合

　　我心中五味杂陈，既为自己被哈佛大学聘用而倍感自豪，又对此地有所敬畏。哈佛大学不仅是一所在任何领域都十分出色的大学，也是约翰·亚当斯、爱默生和富兰克林·罗斯福的求学之所。同时我对自己的敬畏之情又有些恼火。哈佛大学是盎格鲁-撒克逊裔白人新教徒的捍卫者，如果你父亲是一位富有的新教徒校友，你就铁定能被哈佛大学录取。当年这也是一所对犹太人和其他少数族裔实行录取配额限制的大学。就在30年前，哈佛大学校长阿博特·劳伦斯·洛厄尔（A. Lawrence Lowell）竟然强调说，大量削减犹太学生数量反而对犹太人有利，因为如果大量犹太学生在哈佛大学就读，就会激起非犹太人的反犹太主义情绪。

　　走过怀德纳图书馆，迈上爱默生大楼的台阶，我的心扑通扑通直跳。这里是社会关系系主办公室所在地。哈佛大学心理学系当年分成了两个系。"硬科学"在纪念大楼里，主要研究动物的学习过程、感觉和知觉、生理心理学等，领军人物是杰出学者斯金纳和埃德温·G.博林（Edwin G. Boring）。"软科学"（社会心理学、人格心理学和临床心理学）和社会学、人类学联合组建了社会关系系，杰出学者包括亨利·默里（Henry Murray）、戈登·奥尔波特（Gordon Allport）和杰罗姆·布鲁纳（Jerome Bruner）。据我了解，之所以要分成两个系，主要原因在于两个群体的杰出学者分别处在从软科学到硬科学这一连续统一体的两端，彼此无法和睦相处。

　　拥有终身教授资格的资深教授和对前辈满心敬畏的新晋助理教授之

间横亘着一条深渊，里面挤满了入职四五年的助理教授。其中一位年轻人告诉我："若身在哈佛，哈佛就是可怕之地；若说自己来自哈佛，哈佛就变成福地了。"其他人对此也深有同感。他们不满的是关于教授晋升的不成文规定：由于哈佛致力于建设一流大学，如果某位教授在自己的学科领域里不是最好的学者，学校就不会授予他终身教授资格。从学校毕业仅五六年的助理教授是很难达到这个标准的，因此同事们警告我，在哈佛很难取得终身教授资格。所以大多数资深教授对待年轻教授的态度，就像巴黎本地人看待夏季游客一样，仿佛我们就是匆匆过客。听到这些议论后，我耸耸肩，心想：真糟糕，可又能怎么样呢？

但并非所有助理教授都想放弃终身教授资格。我的老朋友迪克·阿尔伯特就紧紧地盯着这一职位。自从两年前被哈佛大学聘为儿童发展领域的助理教授，迪克就决定在这里奋斗终生。有一天晚上，我和迪克约好一起吃晚餐、看电影。晚餐后往电影院走的路上，迪克说他要回办公室一趟，只逗留一分钟。待我俩走进办公室，迪克摁了一下开关将灯点亮，随即说道："好了，我们走吧。"

"到底是怎么一回事啊？"我问。

他说："亨利·默里就住在这条街上，他晚上经常在街上散步很久。假如他散步经过这里，看见我办公室的灯还亮着，就会留下这样的印象：迪克·阿尔伯特很勤奋，理应获得终身教授资格。"

我大笑不已，但他的神情却十分严肃。

"祝你好运。"我说。

虽然迪克的做法令我惊愕不已,但他终究是我的好朋友。他将哈佛广场看作自己的家,热情地当起了我的导游。"这是腊肠屋,一家非常棒的老式德国熟食店,里面的啤酒很好喝;这是圣克莱尔酒吧,你最好别吃这里的食物,但这里的调酒师能调制出全镇最好的马提尼;这是埃尔茜餐厅,这里的快餐最好吃,烤牛肉三明治会让你幻想要是妈妈会做就好了;中心广场的西米欧餐厅提供意大利食物,但你若想品尝最正宗的意大利风味,就要乘地铁到北边去。"

迪克想把学校里最好的东西都介绍给我,因此热心地陪我出席第一次全校教师大会。举行大会的大学礼堂是哈佛园里一幢历史悠久的建筑,位于校园的正中央。迪克快言快语,立即指出该建筑是由查尔斯·布尔芬奇[1]设计的。"1781年的毕业生,"他眨眨眼对我说,"你怎么没问1781年他从哪一所大学毕业,聪明的家伙?"

会议由院长麦乔治·邦迪(Mc-George Bundy)主持,此人不久之后就因在肯尼迪总统和约翰逊总统任期内担任国家安全顾问而名扬海内外,并成为越南战争的主要支持者。那时他以一种迷人但主宰一切的方式主持着会议,虽然魅力四射,但掌控会议的意图也很明显。会上他一度和历史学家小阿瑟·施莱辛格(Arthur Schlesinger Jr.)进行热烈而友好的争论。

---

[1] 查尔斯·布尔芬奇(Charles Bulfinch):美国著名设计师,曾设计马萨诸塞州议会大厦。——译者注

关于那次会议的情形，我只记得这些。会上肯定处理了一些事务，但在我看来，是半遮半掩的自我吹嘘主宰着会议进程，几乎每一位发言者都沉浸在妄自尊大的迷梦中。会后我们走出礼堂，迪克满面笑容。

"喜欢吗？"

"哦，说实话不太喜欢。"

他听后十分惊讶："为什么呢？"

"有点太……有点太……"

"有点太什么啊？"迪克有些不耐烦了。

"哦，我认为有点太库瓦西耶了，不合我的口味。"

迪克大笑起来："天哪，你能从里维尔走出来，可里维尔却不能从你那里走出去。"

"嗯，也许吧。但是你知道，大家将库瓦西耶干邑称作'拿破仑白兰地'，可拿破仑逝世10年后，人们才开始酿制这种酒。不信你去查查这方面的资料。"

"那又怎样？你到底想说什么？"

我的心情糟透了，但也不想扫迪克的兴。他那么卖力地想让我爱他所爱，但我实在讨厌那种会议，透着做作的潇洒和客套，让人浑身难受。甚至连邦迪和施莱辛格之间的争论都显得不太真实。他们似乎在享受自己的表演，而不是真的在什么重要问题上有意见分歧。这是我第一次，也是最后一次参加哈佛大学教师大会。

当天晚上，我心情沉重地驱车回家。为什么这点破事会让自己如此不爽呢？为什么非要扫迪克的兴呢？为什么我不能赞同迪克的观点，或者至少保持沉默呢？为什么我要用"拿破仑白兰地"伤害他呢？待薇拉给朱莉洗完澡哄她上床睡觉，我也给儿子们讲完睡前故事，我和薇拉回到客厅，像往常一样喝点咖啡和睡前酒，交谈白天发生的事情。

"真奇怪，"我说，"教师大会上大家的言行举止在迪克眼里居然是令人赞叹的风流潇洒，在我眼里却是傲气十足。"

像往常一样，薇拉对事情的看法总是比我来得透彻："你和迪克分别坐上了向相反方向行驶的列车。"

在哈佛大学待了几个月，我就完全明白自己是不可能获得终身教授资格的，不仅因为终身教授资格对我们这样的年轻教师来说希望渺茫，而且我和哈佛大学"八字不合"。哈佛大学这所透着精英色彩的学府不是适合我的地方，而我仍然为自己身上些许蓝领工作者的粗野而自豪，自然也不是适合哈佛的人。我努力减轻自己的心理失调。我参加教师大会就是为了忽视哈佛园里的一切好东西，同时嘲笑这里发生的任何可笑之事。相反，迪克决心为终身教授资格而奋斗，他所做的一切都是为了能在哈佛立足。因此，他能够欣然接受这里的一切。我最欣赏迪克的一点，是他具有嘲笑自己的超凡能力，包括嘲笑自己偶尔流露的富家子弟做派。但因为一心想在哈佛扎根，他却无法看出开灯伎俩的可笑以及教师大会里的装腔作势。

成为一名合格教师

撇开布尔芬奇不谈，我很快开始珍惜哈佛的许多人与事，但并不仅仅是研究生的聪慧和进取心。实际上到学校的第一周，我尚在整理藏书时，已经有人造访。除了这位年轻男子，不会有其他人能在此时如此随意地走进我的办公室。这位年轻人即将成为我的第一位门生，也是我带过的最出色的学生。他就是梅里尔·卡尔史密斯，与我在斯坦福大学共事过的那位聪颖但有些木讷的本科生。1958年从斯坦福大学毕业后，梅里尔早我一年来到哈佛。如今的他不再木讷，激动地给了我一个温暖的拥抱，仿佛找到了失散多年的哥哥。从某种意义上来说，的确如此。

"见到你真高兴，"他说，"你怎么才来呀？"

梅里尔对哈佛大学很失望，跟我抱怨找不到合适的导师。他在斯坦福大学学会的高影响实验，这里根本没有教授在做。我告诉他，全世界做高影响实验的地方都屈指可数。"不过，"我故作虚张声势状，"哈佛将成为其中的一个。"

"别说得那么肯定。"他说。

"什么意思？"

他回答："我不知道该怎么说，我注意到这里不仅仅是没人会做高影响实验，有些教授甚至对此实验抱有敌意。"

"为什么？"

"没人告诉我。但据我所知，这里的人认为，向被试描述实验时掩盖真实意图非君子所为，甚至是不道德的行为。他们不认为这是在演戏，在他们眼里，这是在说谎。"

"有意思。好吧，我的朋友，那你打算进行一些非君子所为的实验吗？"

"当然啦。"

于是我们携手进行新的实验。

那时候社会关系系不到一半的教授办公室在系部所在的爱默生大楼，那是一幢位于哈佛园中央的古老的象牙色建筑。大楼内最杰出的人物是戈登·奥尔波特和塔尔科特·帕森斯[1]。其他教授的办公室设在散布于中心校区之外的几幢小洋楼里。这些小洋楼就如同古代的封地一般，

---

[1] 戈登·奥尔波特（Gordon Auport）：美国心理学家，现代个性心理学创始人之一。塔尔科特·帕森斯（Talcott Parsons）：美国社会学家，结构功能主义的代表人物。——译者注

每幢楼里都有一位资深教授和几位年轻教授。我在卫斯理大学的导师戴维·麦克莱兰所辖的封地在神灵大街 5 号。

我被安排在弓街 9 号,那是一幢没什么特色的二层黄色隔板房,隔壁就是一家摩托车销售兼维修店。这一安排并非随意为之。才华横溢、知识渊博的认知心理学家杰罗姆·布鲁纳(Jerome Bruner)希望将我招至麾下。在我来哈佛前的那个夏天,他就给我写了一封热情洋溢的欢迎信,告诉我,我的办公室就在他的办公室附近,并邀请我和他一起为新生开设一门有关人类心智的研讨课。我回信说自己很高兴在弓街办公,但不想上新生研讨课。但我到了哈佛大学后,还是被告知要和杰罗姆合作讲授研讨课。

跟杰罗姆合作教学是一次有趣的经历。我曾在斯坦福大学和拉尔夫·哈伯一起讲授过研讨课。当时我们用尖锐的提问激发学生畅所欲言。哈佛大学的研讨课以杰罗姆和他的知识体系为中心,我认为学生主要从他的讲课中获益,我自己就是这样。我对课程也有所贡献,但错过了聆听学生见解和认识他们的机会。

第一学期杰罗姆也邀请我参加他带着七八个研究生每周召开的研究会议。我认为他们的研究项目很有趣,但不是我的兴趣所在。于是在出席了三四次会议之后,我缺席了一次。第二天杰罗姆就到我办公室问我缺席的原因。那时我才明白,杰罗姆的邀请不单单是邀请,而是命令。上次邀请我和他一起讲授新生研讨课就是这种情形。我不想惹事,还是参加了下一次的会议。杰罗姆在会上宣布他第二天要飞去伦敦,不能参加下周的会议,但"我不在时,埃利奥特将主持大局"。

我不想让学生们失望，于是第二周出席并主持了会议，但我对所发生的一切很是反感。实际上杰罗姆把我视为他的副手，可这本不是我的工作职责。于是待杰罗姆从欧洲回来后，我就跟他摊牌了。他的回应很是诚挚，表示支持我的想法："我当然知道，你有自己的研究项目，不想被我的研究缠身。"

几天后，我手写了两三封字迹潦草的信件，想请秘书霍兰女士帮我打印一下。她的办公室就在杰罗姆和我的办公室之间。霍兰女士向我解释说，杰罗姆不允许她再替我服务了，因为她的工资由杰罗姆的研究经费支付，而我如今已经不再是其研究团队的成员了。这个说法听起来合情合理，但也意味着我得步行八百多米到爱默生大楼找系主任秘书帮我打印。在这里办公实在很不方便。

学期快结束时，杰罗姆来到我办公室，说他正在等一位从牛津来的访问学者。他问我："你能否搬到阁楼上办公，把这间办公室让给那位学者？"杰罗姆的请求仍然显得合情合理。但起初只有我一个人在阁楼上办公，难免孤单。于是梅里尔和我把办公室隔壁储藏室里的垃圾清理出来，勉强塞进了一张小桌子和几把椅子。小屋既无窗户也缺乏美感，但给梅里尔和我的其他学生提供了一个可以逗留的地方，我和自己的学生们一下子与世隔绝了。9月又有两位研究生约翰·达利和托尼·格林沃尔德加入我们，挤进了这间小储藏室。我们置身于一个真正的世外桃源，整个阁楼都是我们的，这一布局着实令人兴奋。在这里，我们交换着彼此的观点，严格审视研究设计和实验过程，相互学习，取长补短。

我开始学着适应哈佛大学，或者说至少学着适应弓街9号。但我还得开设一门课程，按计划要在春季学期开课。系主任罗伯特·怀特（Robert White）十分贴心，准许我开设任何一门自己觉得最有把握的课程。于是我决定讲授"社会影响和从众"，但心里其实一点底都没有。虽然成功讲授过研讨课，也在卫斯理大学和斯坦福大学做过客座讲座，但我从未完整地开设过一门课程。如果有一两周的备课时间，任何白痴都能做好一次客座讲座。但若想建构一系列连贯的课程来传授准确而有趣的知识，就不是随随便便能做好的。

新学期快开学的一天深夜，我从梦中惊醒，冷汗涔涔，忧心忡忡地想着自己无法预知的前途。多年前，我还只是一个在里维尔高中接受教育的小孩子，如今却要一周讲三次课，将自己的学识和无知通通暴露在满屋子全国最聪明的学生面前，心里很是恐慌。这些学生大多数毕业于私立名校，比如格罗顿中学、安多弗中学、埃克塞特中学，他们已经习惯于接受最优秀、最有学识的老师的教导。我怕自己两次课就把社会影响的所有内容讲授完毕，那么下一步该怎么办？学生们会发现我是一个冒牌教授！他们会把我批得一文不值！更糟糕的是，他们会打瞌睡，甚至站起来直接走出教室！

天蒙蒙亮时，脑中纷纷扰扰的思绪渐渐平息。我对自己说，虽然有些孩子可能比我更聪明、素养更高，但我能传授给他们很重要的知识和技能，而且我热爱这门学科。如果我备课充分，又怎么会教不好他们呢？于是我潜心备好每一堂课，不仅传授我所知晓并热爱的核心理论和研究，也给学生们讲故事，比如个人经历、历史典故、幽默笑话、哲理小品和悲情故事，因为经由故事

> **从众**
> **Conformity**
>
> 根据他人而做出的行为或信念的改变。从众可以表现为多种形式，比如因外在力量而表现出的从众行为叫作顺从（内心并不认同），而发自内心的真诚的从众行为叫作接纳。

强调的观点不容易被忘记。实际上我的每一堂课本身就是一个故事，有开头，有高潮，也有结尾，并且每一堂课与下一堂课之间都有所衔接，串连起来就是一个完整的长篇故事，由许多相互关联的章节组成。

几周之后，学生开始把朋友和室友带来旁听我的课。每次下课后都有成群的学生涌过来提问，直到不得不腾出教室给下一个班上课。一些学生甚至会跟着我从爱默生大楼一路走到弓街，向我提出问题或阐述颇有见地的不同意见。他们认为课程内容很重要，也与自己密切相关，而且很多人对实验方法兴趣颇浓。学生的口口相传也证明了我教学的成功：这门课程第一年的注册人数是 16 人，第二年就超过了 60 人，第三年竟有 100 多人。我获得了学生的认可，终于成为一名合格的教师。

对失调理论的修正

教课之余，我也一心想着开始进行实验研究。第一个想要验证的观点来自在斯坦福大学最后一年里我和费斯廷格反复讨论的一个问题。尽管认知失调理论已臻成熟，但其适用范围并没有一个明确的界限。我经常跟学弟、学妹们开玩笑说，如果他们真要弄清楚两个具体的认知是否失调，最好去问费斯廷格。费斯廷格也充分意识到需要为该理论划出一条明确的界限。实际上，他在书中已经试图通过一个假设的情境来界定该理论的适用范围。深夜，一位男子驾车行驶在一条偏僻的乡间小路上，偏偏此时车子爆胎了。他打开后备箱，却发现竟然没有带千斤顶。费斯廷格认为，虽然这位男子会觉得挫败、失望，甚至愤怒，但并不会产生心理失调。这个例子令我很困惑，我问："当然有失调！哪种傻瓜会在深夜驾车行驶在偏僻的乡间小道上，车内还不备上千斤顶？"

利昂反问道："哪里来的认知失调？是哪一个认知和哪一个认知之间不协调？"

我为此纠结了好几周，最后恍然大悟，答案跟自我概念有关。在利昂的举例中，有两个不协调的认知：一个是司机觉得自己的行为很愚蠢，另一个是司机的自我概念，认为自己是一个相当聪明能干的人。这一简单的洞悉令我意识到，只有当自我概念里的某个要素受到了威胁，认知失调理论才会得出最清楚无误的预测。通常是个人行为与自我概念不相协调。

1957年我和贾德森·米尔斯第一次提出入门考验实验的假设时，我们认为认知"我通过重度入门考验加入某小组"和认知"小组无趣、乏味又毫无价值"之间不相协调。但到了1959年，我觉得可以换一种方式来提出假设：认知"我是一个既明智又能干的人"和认知"我通过重度入门考验加入一个毫无价值的小组"之间不相协调。在费斯廷格和卡尔史密斯的实验中，最初的假设认为，认知"我相信自己完成的任务极其无趣"和认知"我告诉别人该任务很有趣"是不相协调的。现在也可以将他们的假设加以改变，转换成以下两个不相协调的认知："我是一个诚实而有道德心的人"和"我说了谎"。

那时我觉得自己只是对认知失调理论进行了微小的修正，费斯廷格却不同意我的观点，认为我对理论进行了很大的改动，并为此感到不悦。他觉得我的构想明显缩小了理论的适用范围。"当然不是，"我说，"我只是让理论显得更严密一些。"但费斯廷格是对的。实际上，我们俩都对了一部分。我的修正的确缩小了理论的适用范围，但也使它变得更加严密。理论严密性带来的益处战胜了理论普遍性的丧失，费斯廷格最终接受了我的观点。但他花了差不多10年才完全接受了这一变化，开始从自我的角度讨论认知失调。

那时我只想对认知失调理论进行少许修正，最终却起到了重要的完善作用，将失调理论从一个有关态度的理论转变成有关自我的理论。有关自我的信仰是人们所持有的最重要的认知，于是当我们的行为或态度与我们对自我的认知不一致时，就会产生最痛苦的心理失调，因此最有可能引发行为的改变。而且，自我认知的重要性和中心性使人们抗拒改变自我概念。因此我这样来表述自我一致：心理失调的存在，促使我们通过改变态度和随后的行为来维持我们的自我概念。

我意识到，我们的大多数实验之所以能够成功，原因在于几乎所有被试都有相当高的自我观念。从自我观念的角度来思考认知失调，我发现了隐藏在原来理论构想中的一个假设：像盖瑞森·凯勒笔下的乌比冈湖居民一样，大部分人都认为自己对每件事的认识和处理都比一般人高明。[1]但是那些看低自己的人又是怎么样的呢？根据我的推断，如果一个人认为自己是个笨蛋，他就觉得自己会去做很愚蠢的事情，比如通

---

[1] 20世纪80年代中期，美国作家盖瑞森·凯勒虚构了一个叫作乌比冈湖的地方，这里"女人都很强，男人都长得不错，小孩都在平均水平之上"。现实生活中，人们有一种觉得自己各方面都高出平均水平的心理倾向，心理学家将之称为"乌比冈湖效应"。——编者注

过重度入门考验加入一个毫无价值的小组，或者为了一点蝇头小利而撒谎。因此，在那些高看自己的人身上出现的认知失调就不会出现在这些人身上。相反，当他们做出聪明的行为时，反而会出现认知失调。也就是说，一个看低自己的人，当他的行为举止体现出积极的自我观念时，反而会出现认知失调。

这正是我和梅里尔着手研究的问题。实验中我们不想对一个人整体的自我观念施加影响，这既违背伦理，也不太可能，但我们可以更有效地检验我们的观点。我们要做的就是针对被试并不知道自己所具有的某种特殊能力给出错误的反馈。我们设计了一个以假乱真的人格测试，称之为"哈佛社会敏感性测验"。我们准备了20张卡片，每张卡片上有三张年轻男子的照片，是从一本哈佛大学的旧年鉴上随意选取的。梅里尔告诉被试，每张卡片中有一个男子是曾经入院就医的精神分裂症患者，被试的任务就是猜这个人是谁。被试从20张卡片中选好所谓的精神分裂症患者以后，梅里尔记录下每个人花费的时间，假模假样地根据一份标准答案给被试打分，并向被试公布测验得分和所用时间。

最初的测验包括四轮测试题，每轮都有20张卡片。梅里尔告诉其中一半被试，每一轮测验中他们的得分都很高，几乎都答对了十六七题；然后他又告诉另一半被试，每一轮测验他们的得分都很低，仅答对了四五题。

至此，根据貌似权威的测验，一半的被试认为自己的社会敏感性很差，而另一半人认为自己具有相当高的敏感性。接下来，为了创造心理失调的情境，在关键的第五轮、也是最后一轮测验中，梅里尔人为操控了被试的得分，给一部分被试和前四轮测验一致的得分，给另一部分被试和之前测验截然相反的得分。也就是说，认为自己会在本轮测验中拿低分的被试中，有一半人依然拿了低分（答对4题），该结果与他们低社会敏感性的自我观念是协调的；另一半人则意外地获得高分（答对16题），这一结果与他们已经形成的自我观念不相协调。

我们怎样才能测量每位被试认知失调的程度呢？第五轮测验结束后，演技已炉火纯青的梅里尔懊恼地拍了一下自己的脑门，说自己忘记给被试计算答题时间，因此这次测验可能无效。他宣称要去隔壁房间问一下阿伦森教授该怎么办。几分钟后梅里尔回到屋里，连声道歉，请被试重新进行一次第五轮测验："这样我才能记录你们答题的时间。请假装你们是第一次看到这些照片。"

重新测验为被试提供了改答案的机会。我们假设，重测时被试更改答案的数量，可以准确地体现出上次测验分数给他们带来的失调程度。实验结果明显验证了我们的预测：人们有自我一致的需求，预计自己得低分并且真的得了低分的人很少改答案，而预计得低分却得了高分的人为了确保自己得低分而改了好多答案。对于后者，意外获得的高分与他们的自我观念不相协调。为了减轻心理失调，他们在重测时故意表现得差劲。但是我们如何能够确定被试是在减轻心理失调，而不是真的忘记了前次测验的正确答案呢？很容易。那些在前四轮测验中获得高分的被试，在第五轮测验中获得高分后几乎没有改答案，说明记忆力不是一个重要因素。

等梅里尔完成最后一位被试的测验，我也向被试解释了实验假设和掩盖真实目的的原因后，我们冲进装有 Monroe Matic 计算器的房间分析数据。我负责读数据，梅里尔负责录入数据，统计结果显示出极高的显著性。

"这是一个具有开创性的实验，"梅里尔说，"让我们庆祝一下！"

"我还不确定开创性体现在哪里，"我回答，"但我们可以在庆功宴上讨论这个问题。我们去圣克莱尔酒吧，有人告诉我那里的调酒师能够调出很棒的马提尼。"

于是贯穿我整个导师生涯的一个传统形成了。每当我和学生完成了一项实验，我们就喝马提尼庆祝。这种庆功宴不仅仅标志着一个实验项目的圆满结束，往往也会成为下一个实验项目的序曲。

自我说服实验

那次庆功宴上我告诉梅里尔，自己想找到一个教导三岁半的哈尔的有效方式，让他对两岁的弟弟尼尔少挥些拳头。我正在思考梅里尔在撒谎实验中使用的一个变量。梅里尔说："你是不是想在哈尔打尼尔时惩罚哈尔，让他把一堆线轴塞满托盘？"

"也不尽然。但你瞧，你们的实验是有关不丰厚酬赏的，对不对？我的意思是，付一美元让一个人说谎，不足以让其觉得自己有合理的说谎理由。因此他需要说服自己，承认把线轴塞满托盘的任务比自己原先想的更有趣，以此增加自己行为的合理性。"

"没错。"

"好。如果哈尔平时很少打尼尔，我可以因为他没有打人而给他一点小小的酬赏。但现在情况并非如此。也就是说，我们不得不采用惩罚手段，或者至少扬言要惩罚他。假如我威胁哈尔说，如果他再打尼尔，就罚他整整一个月不能看动画片，这对哈尔来说是很重的惩罚，可能会让他在一段时间内不敢打尼尔，但这种方式不能断了哈尔打尼尔的念头。"

"你想让哈尔自己说服自己，打尼尔或者其他孩子是不对的？"

"你说对了。这一目标能实现吗？"

"当然可以！"梅里尔答道，"通过一个轻微的惩罚来吓唬他就行。你已经把我和利昂的实验研究透了：如果一个人拿了很少的酬赏去说谎，他就会说服自己认为所说的都是真话；同样，如果一个人受到威胁说，要是做了某件不该做的事情，就得接受轻微的惩罚，他就会说服自己，他本来就不想做这件事，因为很没意思。不过，我们怎么在几个小孩子身上进行实验呢？我又不能站在一边等着他们相互打打闹闹，是不是？"

"是啊。但我们可以选取小孩子平时爱做的其他事情加以禁止，威胁一部分小孩如果不听话就要遭到轻罚，威胁另一部分小孩如果不听话就要遭到重罚。"

于是就在圣克莱尔酒吧，我和梅里尔拟定了"禁玩玩具"研究的实验程序。

我和梅里尔买了一些可爱的玩具，带到哈佛大学附属幼儿园，给四五岁的孩子玩。接下来的 5 天里，我们每天都到幼儿园待上两小时，和孩子们培养感情，并鼓励他们玩我们带来的玩具。几天之后，孩子们一见到我们就兴奋地迎上来，大声称呼我们"玩具叔叔"。

第 6 天，我们将每个孩子分别带入隔壁的小游戏室，询问他或她对每个玩具的喜爱程度。第 7 天，我们再次把每个孩子带进游戏室，让他们在那里玩玩具。我们挑出孩子们第二喜爱的玩具，放到离其他玩具大约 1 米的地方，告诉孩子，除了这件玩具，其他玩具都可以玩。我们对其中一半的孩子说，如果他们不听话，就会受到轻罚（"我会有些生气。"）；对另一半孩子则说，如果他们不听话，就会受到重罚（"我会非常生气，会将所有玩具带回家，再也不来了。我会认为你是一个不懂事的小宝宝。"）。随即我们离开房间，给孩子们 20 分钟时间玩其他的玩具。通过单向镜，我们在隔壁房间观察孩子能否抵挡住玩具的诱惑。结果所有孩子都做到了。

回到房间后，我们再次询问孩子对屋内玩具的喜爱程度。受到轻罚警告的孩子对禁玩玩具的喜爱程度明显低于先前。由于没有强烈的外因阻止他们玩禁玩玩具，他们就需要自己找出不去玩它的内因。于是孩子们说服自己，他们并不真的喜欢这个玩具。

相反，受到重罚威胁的孩子没有改变他们对禁玩玩具的喜欢程度，他们仍旧表现出对禁玩玩具的高度喜爱。事实上，一些孩子比受到重罚威胁前更喜爱禁玩玩具了。由于已经有很充足的外因阻止他们玩禁玩玩具，所以就不需要再找其他理由，因此他们仍然表示喜爱禁玩玩具。

认知失调理论预测，孩子对玩具偏好的转变会维持相当长的时间。我的朋友乔纳森·弗里德曼（Jonathan Freedman）在斯坦福幼儿园复制我们的实验时，就验证了这一假设。弗里德曼选定的禁玩玩具是一个非常有意思的电动机器人，能四处追逐抛过来的物体。实验过后两个月再见到电动机器人时，几乎所有受到轻罚威胁的孩子都不去碰它，而大多数受到重罚威胁的孩子直接跑去玩。

我们阐述了一个很重要的现象：孩子们之所以能够控制自己的行为，不是因为某个大人告诉他们不能这样做，而是因为他们进行了自我说服，认定这一行为是不好的。自我说服的观点能维持很长时间。这一范式除了应用于玩具偏好之外，还可以推广到关乎儿童培养的更基本、更重要的领域，比如攻击行为的控制，最初激发我研究兴趣的就是这个问题。我可否让哈尔说服自己，认为打尼尔是一个可怕的念头？

虽然禁玩玩具实验圆满成功，但问题还没完全解决。如果将我们的研究发现应用到孩子的日常攻击行为上，威胁的程度必须拿捏得当，既要能够促使孩子自己说服自己放弃攻击行动，又要重到让孩子一开始就放弃攻击行为。如果威胁没有严重到促使他控制自己的攻击行为，反而会使他认为打弟弟是合情合理的（"我想我是真喜欢打那个小家伙。为了打他，我不惜勇敢地面对惩罚。"），这显然与我们的初衷背道而驰。我竭力调整着对哈尔的警告程度，最后他总算停止了对尼尔的攻击行为。我不确定这一小小的成就是归功于我的介入，还是哈尔的成熟，或者是来自无数其他的可能因素。唉，针对家里一个孩子的小实验总是缺乏一个控制组。

第一学年临近结束时，我收到了来自国家科学基金的挂号信，我申请的为期三年的研究经费批下来了。那晚我怀着愉快的心情回到家里。步入客厅时，我看到哈尔有些羞愧地坐在地板上，凝视着一个破碎的小雕像。小雕像有25厘米高，一位棒球手将手高举过头，仿佛做好了接球的准备。小雕像漆得像个铜制品，但实际上是用很廉价的材质制成的。此刻它正四分五裂地躺在地上。"爸爸，我碰倒了小雕像，它就自己裂开了。"哈尔说。

小雕像并不是哈尔的玩具，而是一个棒球赛的奖品，也是一个幸存者，历经多次搬家依然完好无损。每次搬家我都将它包装好带走，从里维尔到沃尔瑟姆再到米德尔敦和帕洛阿尔托，最后到剑桥。14年里，它总是在我家壁炉架或橱柜上占据显要的位置。我弯腰捡起碎片，黯然地注视了一会儿，思忖着是否能修好。这个廉价的小奖品对我来说究竟有怎样重要的意义呢？

15年前，在犹太男孩的成人礼仪式上，我朗读并歌唱《托拉》（*Torah*）①里的经文，在挤满亲戚朋友和一列教堂人的犹太教堂里进行讲演。教堂人是一群很少

> **自我说服**
> **Self-Persuasion**
>
> 说服自己接受某种信念，是自我合理化造成的一种长期的态度改变。自我说服比直接的说服更具有持久性，因为自我说服在个体内部发生，而不是源于外部的劝诱或压力。

---

① 犹太人的重要经典，又称《摩西五经》。——译者注

说英语或者根本不说英语的老头，他们每天大部分时间都待在犹太教堂里。小时候的我十分腼腆，痛恨整个仪式的煎熬。成人礼仪式最大的好处是，一旦仪式结束，我就不用去希伯来语学校了。不再上希伯来语学校最大的好处是每天傍晚我都有时间打棒球了。

2月红袜队赴佛罗里达的萨拉索塔春训。几乎同时，我们邻里的孩子都前往附近的棒球场，参加临时择定对阵球员的棒球赛。马萨诸塞州的里维尔不是佛罗里达州的萨拉索塔，2月下旬这里十分寒冷。外场是一片又一片的污雪地。待温度升到零摄氏度以上，草地就会变成泥地。

虽然我们都是自愿打棒球的，但那年冬天和次年春天，我们有了一条提高棒球技能的特殊理由：里维尔公园管理处宣布，他们正计划为十三四岁的孩子发起一个夏季联赛，将有8支球队参赛。在遍布全市的8个棒球场上，每个球场产生1支球队。我特别想参赛。在小联盟①诞生很久以前，我就十分渴望成为一名球员，拥有严格的成人监督者、紧密的组织、统一的队服、富有经验的教练，以及公正的裁判员和大联盟那样的阵势。我们这些渴望加入本区球队的孩子都来自底层社会，我们希望联赛组织者能够明智、公正地选拔球员组队，采用纯粹而简单的择优录取机制，不考虑种族、信仰和肤色，只将最有才能的9个孩子选拔出来组队。

尽管反犹太主义在我们社区甚嚣尘上，但并未影响到球员选拔。我和另一个犹太孩子入选球队，而且我们两人都进入了首发阵容。虽然一

---

① 美国少年棒球联合会。——译者注

开始与非犹太队员在一起打球不太自在，我也做了最坏的打算，但几场比赛下来，我们就紧密团结成一个团队了。几年后，我父亲去世。服丧期间，不断见到非犹太人，也就是我以前的队友频繁来访，令姨妈和舅舅们万分惊讶。朋友们克服了对犹太教仪式的不适，只想为忧伤的我打气。

我很想打中外场，我总觉得中外野手就像处在棒球场之巅，以180°的广阔视野俯瞰球场上发生的一切。可惜我跑得太慢。大家商议后决定让13岁的桑尼担任中外野手，他是所有人里跑得最快的。虽然我有些失落，但这一决定是公正的。我被指定担任二垒手，这个位置其实更适合我。贾森曾在崎岖不平的场地上训练我接地滚球。在他的指导和不断的唠叨下，我终于克服了恐惧心理，可以直面飞向自己的地滚球。而且，我虽然跑得不快，但动作敏捷，击球手一打出球，我立马就能往正确的方向迈出三四步。这样，在大多数地滚球飞到面前时，我就能来个漂亮的跳跃，将身体移到地滚球的前面，然后稳稳当当地接住。跳得不高的球一般会撞到我胸口上，我能一把抓住它，迅速传给跑垒员。

球服？我们只买得起普通的休闲服，而且已经又脏又破。设备？大多数球员都有手套，但也只有手套。我们的左外野手不得不戴着接球手的手套打外场，因为他只有这只手套。公园管理处给我们提供了球棒、接球手的护胸和面罩，并在每场比赛时提供一只球。比赛时经常会暂停几分钟，因为大家要到球场边的荒草地和碎石堆里找出那只脏兮兮的球。

第一赛季我们输得比较多，但第二赛季时我们已经有了一年的经验，身体也更强壮了。投手比利·麦克唐纳不仅能击出漂亮的快球，还能让球转弯。最好的击球员莱斯·希斯克一直在练习举重，如今击球时威力十足。瘦如竹竿的我放弃尝试本垒打，努力练习成为一位接触型击球员，一直在内场打温和的直球。我和游击手肯尼·戈迪一起练习了好长时间的双杀，直到配合得天衣无缝。

那年我们得了冠军。在正式的颁奖典礼上，每人都获得了一个奖品，就是这尊廉价的小雕像。小雕像对所有球员来说都意义非凡，对我更是如此。这是我赢得的第一个奖品，我的才干第一次获得认可，因此我十分珍视它。此刻，我半蹲在儿子身边，反复摩挲小雕像的碎块，慎重考虑着修复问题。过了一会儿，我朝哈尔笑笑，敲敲他的小脑袋说："你说得很对，它的确是自己碎掉的，不是你的错。"我站起身，叹了口气，将碎块扔进了垃圾桶，这一刻我终于意识到，自己不再需要这尊小雕像了。

实验伦理风波

第二学年开始不久，为本科生讲授人格心理学课程的戈登·奥尔波特请我去他课上做一次客座讲座。梅里尔曾提醒我，有些同事对高影响实验的伦理问题持有强烈的反对意见，我怀疑当时他脑海里就闪现过戈登的名字。当年63岁的戈登是社会关系系最杰出的教授，职业生涯早期就声名鹊起。就在我刚念小学一年级，还在学习如何阅读的时候，他已当选为美国心理协会主席，此事令我钦佩不已。

我视戈登为哈佛的样板教授，一位睿智而博学、正直而和善的学术泰斗。论穿着，他无可挑剔，西装笔挺，皮鞋锃亮；论举止，也总是十分得体。和他待在一起时，我觉得自己特别邋遢，总忍不住检查裤子前面的纽扣是否扣好。我和戈登相处的时间并不长，但在属于哈佛的记忆中，他占据着一个重要的位置。我很喜欢他，认识时间越长，就越是喜欢。我想他也有些喜欢我，当然不是很喜欢。因为正如我所猜想的，我们不是一路人。

就在讲座开始前他对我进行介绍时，我的猜想得到了证实。作为有绅士风度的学者，在给客座讲座者冠以一般的恭维语"才华横溢""富有创造性"之后，戈登居然以"虚伪大师"作为结语，吓了我一大跳。我不太肯定"虚伪"的确切含义，但想必与说谎有关。有可能是一个间接的恭维，但更可能是一个直接的辱骂。这样的措辞与戈登教授的性格显然不符，令我异常惊讶，导致讲座开头我说的几句话都是结结巴巴的。

讲座结束后，我随戈登回到他办公室。我们在门口停下来，他伸出双手与我亲切握手。当他开口跟我道谢时，我问："戈登，'虚伪大师'是怎么一回事？你是称我为高明的谎言家，还是其他什么意思？"他的脸突然变得通红，请我进他办公室。

"不不不，当然不是这个意思。我是在称赞你做那些欺骗性实验时所表现出的过人才能。你和费斯廷格先生真是这方面的高手。"

"请原谅，戈登，但我感觉你认为这类研究是……是……垃圾。"我故意用了意第绪语中表示"垃圾"的单词。我知道戈登听得懂，因为在

149

德语里这是同一个单词，而戈登的德语很好。

他笑了。"哦，我可没这么说。这样说吧，我自己绝不会做那种实验。你们认为那种实验具有戏剧性，而我认为它是欺骗性的。"

"随你怎么称呼它都行，"我说，"但你应该知道，在实验的最后阶段，我们向每一位被试解释了整个实验的来龙去脉，并没有人对实验程序表示不快。"

"说得好，"他回应道，"但一开始为什么要那么做？为什么要演戏、要花招、欺骗被试？"

"原因只有一个：表演也好，欺骗也好，是我检验自己最感兴趣的假设时能采用的唯一方式。"

"为什么你们不能直接问问被试遇到某种情况时将会如何做？"

我当下了然。一开始还以为戈登在跟我开玩笑，现在才意识到，戈登虽然才学渊博，但对实验研究知之甚少，甚至可以说是一无所知。他似乎也没弄明白人类的一个最基本的特点：在大多数假设的情境下，我们不知道自己会如何行动；按某种方式行动后，我们往往也不知道自己为什么会那么做。客座讲座时我讲到了入门考验实验，我就以此为例，向戈登描述说，在实验最后向被试解释真实的实验假设时，重度入门考验组的被试一致认为我的假设很有趣，但他们中的大多数人坚持说他们对讨论小组的喜爱与入门考验无关。他们向我保证，是因为讨论确实很有趣，他们才会喜欢的。

戈登敲着下巴思忖着，问我："那么你认为他们说错了，是因为……"

"因为实验中我们将被试随机分配到不同的情境中！实验组和控制组唯一不同的就是入门考验的程度。从统计学来看，不同组别最后对讨论小组的态度差别并不是偶然发生的。因此我可以相当肯定地说，如果被分配在控制组，这些被试肯定不会喜欢讨论小组的。"

"你的逻辑相当严密，"他说，"我可以请你吃午饭吗？"

于是我们一同前往哈佛教授俱乐部享用了一顿美好的午餐。为了将话题从研究上转移开来，我问他是不是在新英格兰地区长大的。

"哦，不是，我的家乡离新英格兰很远。我出生在印第安纳州郊区的一个小镇上，在克利夫兰长大。我父亲是一位乡村医生。他挣得不多，也从不想大富大贵。我能到哈佛大学念本科只因为学校给了我奖学金。你为什么露出惊讶的表情，难道你认为我是在哈佛园出生的吗？"

这次轮到我脸红了。"当然不是……好吧，我承认我这么想过，你看上去确实……"

"怎么会这样，阿伦森教授，我绝对相信你对我有成见。"

我把双手举过头顶做投降状："我错了。"

151

"一个常见的错误。"他说，然后优雅地放过了我。

优雅是戈登的一个主要标志性特征。1967 年戈登去世，后来我受邀对其 1954 年的经典著作《偏见的本质》（The Nature of Prejudice）撰写一篇回顾性评论，作为该书出版 25 周年的纪念。"奥尔波特当时的结论，与今天的理性学者所做的结论并无显著差异，"我写道，"这是向他的睿智、博学和决断力致敬。"现在读这本书，你会明显觉察到，在对偏见及其严重后果的理解上，戈登的思想观点是远远超前于他的时代的。

和戈登共进午餐后不久的一天，我受邀到耶鲁大学心理学系做一场学术报告。会后，一位年轻的助理教授向我做了自我介绍，并请我去他办公室，想向我详细讲述自己正在设计的一个实验项目。他叫斯坦利·米尔格拉姆，实验是有关服从权威的[1]。他受到纳粹战犯阿道夫·艾希曼（Adolf Eichman）被抓获并取保候审一事的启发，想研究普通人对权威人物所下命令的服从程度，哪怕是服从权威意味着要将很大的痛苦施加到一位无辜者身上。我认为这个研究课题很好，但也非常冒险。当时我并未预料到这个实验后来会成为社会心理学最重要、也最受争议的一个实验。

在实验中，米尔格拉姆告诉被试，他们是在进行"一个有关学习的实验"。实验者准备了一系列成对出现的单词，被试（担任教师的角色）的任务就是测试另一个人（学生）对这些单词的记忆情况。被试坐在一台机器前，机器上装有一排拨动开关，每一个开关上依次标着从 15 伏

---

[1] 斯坦利·米尔格拉姆（Stanley Milgram），美国社会心理学家。有关米尔格拉姆及其著名的服从实验，请参见《好人为什么会作恶》（浙江人民出版社）。——编者注

到450伏的电压。被试被告知学生与这台电击仪器是连在一起的，每当学生背错单词，穿着白大褂的实验者就要求被试对学生实施电击。每出现一次错误的回答，就增加电击的强度。米尔格拉姆的研究问题是：一个人对权威人物的盲从到底会达到什么程度？在这个实验中，权威人物是指穿白大褂的实验者。当然事实上并没有人遭受电击。学生是实验同谋，他回答的答案是事先编写好的。

两年后，米尔格拉姆发表的研究结果震撼了整个心理学世界。之前他曾询问过几位精神病学家，以及自己的同事和学生，请他们推测有多大比例的被试会一直增加电击强度直至最大。所有人都确信只有不到2%或3%的人，也就是少数虐待狂，才会把电击强度加到300伏以上。然而实验中，近2/3的被试一直将电击实施到最高强度，只是因为实验者对他们说"根据实验要求，你必须继续做下去"。虽然很多被试感觉不舒服，甚至已经浑身冒汗、提出抗议、抱怨连连，但他们仍然服从了实验者的要求，不断提高电击的强度。随后的复制试验中，不管被试是学生、推销员还是木匠，是男人还是女人，是美洲人、欧洲人还是中东人，结果几乎一样。

米尔格拉姆已经回答了戈登的问题：为什么你不能"只是问问人们"他们将如何行动？他的回答远比我的例子更有说服力。米尔格拉姆的电击实验清楚地表明，"只是问问人们"如果有权威命令他们去伤害另一个人，他们认为自己将如何行动，这种研究方式只能得出完全缺乏可靠性的答案。

然而从伦理的角度来看该实验，批评如暴风雨般

服从
Obedience

处于不平等的权力关系中的权力较低者听从权力较高者的命令，例如权威会强迫公众服从。

袭来。心理学家、伦理学家和很多普通读者，都对米尔格拉姆实验中引起被试强烈的不快而感到愤怒。例如，发展心理学家黛安娜·鲍姆林德（Diana Baumrind）声称，电击实验导致被试"丧失了尊严、自尊和对理性权威的信任"，因此"从长远来看是有害的"。

我并不否认该实验带来的伦理问题，而且总的来说，我认为自此之后不会再有人做类似的极端实验了，这也是好事。但大多数的指责都忽视了被试的坚强和乐观。实际上，即使是那些因自己对学生实施了最大强度电击而倍感痛苦的被试，后来也说这个实验给他们上了无比珍贵的一课。没有一个被试抱怨，也没有一个被试表示遭受到了任何伤害。事实上几周后的调查显示，84%的被试表示，参加这个实验令他们很开心，其余的持中立态度，这说明被试的满意度超过了大多数心理学实验。

戈登并没有批评米尔格拉姆的实验。虽然他对实验中的伦理问题感到不快，但他认为米尔格拉姆收集的数据具有重要意义。几年后米尔格拉姆被哈佛大学聘用，如果没有戈登的同意，他不可能被录用。显然戈登从此不再厌恶高影响实验了。

尽管我和迪克在哈佛的志向不同，我们依然是好朋友。我们家在剑桥西北的阿灵顿，他是那里的常客。我和薇拉有时也随迪克到他家的乡村大别墅共度周末。别墅坐落在新罕布什尔州的怀特芒廷。我们一起远足、游泳、弹琴，算不上是行家里手，自娱自乐罢了。

迪克正在研究幼儿教育，而我担任他的课题顾问。有一天迪克来电，询问我是否能和他及蒂莫西·利里（Timothy Leary）共进一顿非正式午餐，讨论他们正在计划的一个研究项目。蒂莫西是迪克的好朋友，一位人格心理学家，曾在加州大学伯克利分校教过几年书，跟我差不多同时来到哈佛大学任教。我跟蒂莫西不熟，但对其早有耳闻，他聪明有趣、精力充沛、魅力四射，身上带着一点神秘色彩，我很欣赏他。本科生中绘声绘色地流传着有关他的流言，多半是夸大其词，甚至纯属恶意歪曲。

不过有一项传言确实属实，就是蒂莫西一直在从事迷幻药的研制。在墨西哥的一次旅行中，他因为食用了一些蘑菇而出现幻觉，声称幻觉大大扩展了自己的意识。迷幻效果是暂时的，但那次经历引发的兴奋是长久的。蒂莫西相信蘑菇有改善个人品性和改变世界的潜能。这就是那天午餐时迪克和蒂莫西想跟我讨论的话题。蒂莫西说，他最近从蘑菇中提炼出了能改变精神状态的成分，并制成一种叫作裸盖菇素（psilocybin）的药。他们想用新药做些实验，计划先从波士顿地区神学院的研究生们入手。

迪克说："这种药将帮助他们超越梦想极限，获得最美妙的宗教体验。"

蒂莫西补充道："如果给顽固不化的罪犯服用裸盖菇素，想想会发生什么事情？只需几个月时间，监狱就变得'门可罗雀'了！"

"小小的蘑菇居然有如此大的威力？"我有点不相信。

蒂莫西有些生气了："它是开启心灵和思想的小蘑菇，是让人们感受到彼此联系的小蘑菇，是我确信可以减少暴力、远离战争的小蘑菇！"

我的随口一问，在蒂莫西看来却是亵渎神明。我被他们这份视自己为救世主的狂热吓住了，没法断定他们的主张是伟大的还是虚浮的。

一阵尴尬的冷场后，迪克说："我们想以科学正确的方法进行研究。你是实验方面的行家，我们该如何设计一项逻辑严密的实验，使其能够发表在《变态心理学和社会心理学期刊》（Journal of Abnormal and Social Psychology）上？"

我告诉他们怎样才能在这本心理学顶级期刊上发表论文，也详细解释了实验设计和实验程序，包括安慰剂对照组的重要性，对双盲过程的严格要求，以及为了消除社会影响和情绪传染的可能性，一次只能测试一人。我注意到迪克和蒂莫西相互交换了一下眼神，仿佛在说："老兄，这家伙也太古板了！"随即他们耐心地向我解释，为什么他们不可能采纳我提出的大多数建议，首要原因在于他们称作"心理定式与社会背景"的重要性。心理定式是一个人对药物作用的预期，社会背景则指服药时所处的环境。

蒂莫西说："比如，如果你穿上白大褂，在精神病医院里监督病人服药，病人服药后很可能产生恐惧的幻觉，认为自己失去理智了。但如果是在环境舒适的客厅里，一帮朋友围坐在一起，壁炉让人倍感温暖，人们服药后脑海中就可能出现令人兴奋的幻觉，而不是恐惧的幻觉。"

迪克接着说："再说，如果我们给一组即将从康科德监狱假释出狱的罪犯服用几次裸盖菇素，然后将这些人的再犯罪率与另一组没有服用裸盖菇素的假释犯进行比较，那不是很好吗？"

"哦，若你们能将罪犯们随机分配到实验组和控制组中，并且能够控制好除了药物之外的任何情况，那么这个实验设计基本合格。"

"任何情况是什么意思？"

"就是字面意思。例如，置身于与一群志趣相投的朋友围坐在壁炉边的温馨情境中，也有可能促使罪犯们萌生重新做人、远离犯罪的念头。如果这一背景出现在实验组中，它也必须出现在控制组中。"

迪克和蒂莫西点点头。长时间的沉默之后，迪克说："哦，JASP 的论文有眉目了。"

回想那次午餐，有件事令我困惑不已，我居然没有考虑到实验中被试服用裸盖菇素后可能受到的伤害。1961 年，麦角酸二乙基酰胺（LSD）和裸盖菇素这类迷幻药是完全合法的。社会科学家清楚地知道，人类学研究的一些文化中，人们食用仙人掌、古柯叶、大麻和其他致幻物质，就跟我们西方人喝酒一样，并没产生什么副作用。但从植物中提取有效成分制成的合成药在当时绝对是新鲜事物，没人知道它们对大脑可能产生什么样的长期影响。因此在当时，谨慎的科学家都会关注药物对思维和记忆力可能产生的副作用。幸运的是，半个世纪后我们了解到，偶尔服用裸盖菇素并不会产生明显的副作用，至少我没听说过一例！

迪克和蒂莫西成功地令监狱"门可罗雀"了吗？显然没有。他们确实利用假释犯作为被试，设法做出所谓的实验。不过正如我所料，研究过程不甚严谨，他们的论文没有被任何一本期刊接受。而且哈佛大学校方对他们的行为很是不满。我们共进午餐讨论该实验两年后，俩人都被辞退了：迪克让本科生参与研究项目，违反了与校方签订的协议条款；蒂莫西则未能履行教学职责。

离开哈佛后，迪克和蒂莫西走上了两条完全不同的道路：一个通过药物寻求世界和平和致幻经历，一个通过灵修达此目的。可两人都在关注水瓶座时代①的来临，并宣称他们将成为这一时代的主要代言人。蒂莫西选择通过药物拯救人类之路，很快成为一名文化偶像。但由于在学生和其他年轻人中大力推广迷幻药，他被理查德·尼克松总统称为"美国最危险的人物"，最终因藏有几十克大麻而被捕入狱。

迪克在印度学习和生活了几年，以巴巴·拉姆·达斯的名字回到美国，寻求扩展人类意识的非药物方法并成为一名精神领袖。1980年，我请他到加州大学圣克鲁兹分校为我的社会心理学课程做一次客座讲座。他留着长长的白胡子，身穿一袭白袍，盘腿坐在桌上，90分钟的讲座将300名学生迷得神魂颠倒。课后，我和这位圣人朋友一起回忆在哈佛的日子，一谈就是几个小时。我刻意提醒他，当年他为了拿到终身教授资格，特地到办公室将灯打开，希望引起亨利·默里的注意。听后他的脸上浮现出迷人的微笑，对我说，虽然被哈佛大学辞退令他十分痛苦，但如今他已拿到了一个不一样的终身教授资格，而且这份荣誉更有价值。

---

① 根据西方星象学，21世纪是水瓶座时代，人类将从对物质的追求过渡到对自己内心的探索。——译者注

告别哈佛

1961年早春，在一次鸡尾酒会上，戴维·麦克莱兰向我走来。闲聊了几分钟后，他凑近我，压低嗓音说："我们今年还没找机会好好聊一聊。你在哈佛待得开心吗？"

"哦，"我回答说，"我的学生很出色，我们正在进行一些令我倍感兴奋的实验。"

"是的，我听说了。我当然为你感到骄傲，但你是不是忽略了什么？"

麦克莱兰洞察力很强。虽然我的课堂、我的学生以及我和学生一起做的实验都让我很开心，但我总觉得少了些什么。

我回答道："事实上，我总觉得自己是一个局外人。"

"嘿嘿，在哈佛，每一个人都觉得自己是局外人。"

"真的？包括戈登·奥尔波特？"我调侃道。

"戈登·奥尔波特的感觉尤甚。"他回答道。

那一刻之前，我一直认为心中说不清道不明的不满情绪只是自己的问题，相信这种情绪最终会慢慢消失。此时我才明白，只要自己待在剑桥，不满的情绪就会一直与自己相伴。我突然开始怀疑这到底是不是自己今后几年想要的生活。

麦克莱兰的这番话为我离开哈佛大学埋下了伏笔。几周后，斯坦·沙克特（Stan Schachter）打电话给我，问我是否愿意到明尼苏达大学工作。斯坦是利昂·费斯廷格的第一位学生，也是最优秀的一位。虽然我跟他很少碰面，但我很喜欢他，把他视为自己的师叔，因此我没有一口回绝他。而且我知道该校的社会心理学专业实力雄厚。费斯廷格去斯坦福大学之前曾在那里任教，一流社会心理学家哈罗德·凯利[1]在1960年去加州大学洛杉矶分校之前，也在该校工作了几年。我很愿意跟斯坦在一个系共事，并把自己的想法告诉了他。

"事实上，上周我刚刚接受了哥伦比亚大学的教授职位，我们正考虑请你来接替我的位置。"斯坦说。

"明尼苏达大学发生了什么事情？为什么大家都纷纷离开？你有什么事情瞒着我吗？"

斯坦安慰我说没什么不对的地方，只是作为地道的纽约人，他特别思念那座城市，一心想回去。而哈罗德·凯利一直渴望在加州定居。斯坦对我说："相信我，明尼苏达大学是个好地方，尤其适合社会心理学家。只不过因为这两年我和哈罗德相继离开，社会心理学系才举步维艰。这就是我找你的原因。我认为你是能顺利接替我们，并保持原先专

---

[1] 哈罗德·凯利（Harold Kelley）：美国社会心理学家，曾提出著名的三维归因理论。——译者注

业水准的年轻人。我估计两年后这里就是你的天下，到时候甚至没人会记得哈罗德和我曾在这里待过。"

"嗨，怎么可能！"

"好吧，我说得确实有些夸张了。给我点面子，你可以先来这里看看，作一场学术报告，和教授们见见面。决定权在你，但我敢保证你会喜欢这里的。"

斯坦是对的。明尼苏达大学的工作氛围相当轻松，教授们虽然没有哈佛大学的那些人那么出类拔萃，但为人风趣，也很友善，很快让我感到自己是个有价值的人，同时也是一个成年人，这与在哈佛大学的经历大相径庭。明尼苏达大学还有另一个吸引人的地方：社会关系学研究实验室有自己的经费。那里有几间装修得十分漂亮的房间，里面配备了单向镜、录音机、音响等你想要的所有设备，与我在弓街9号阁楼上的研究室形成鲜明的对比。

拜访该校的最后一天，斯坦陪我去见系主任肯尼思·麦科克代尔（Kenneth MacCorquodale）。肯尼思乃考究之人，办公室里纤尘不染，不像斯坦是出了名的邋遢鬼，办公室里东西堆得到处都是。像往常一样，斯坦嘴里叼了支香烟，而且仍然无视越来越长的烟灰，结果烟灰又掉到肯尼思办公室的小地毯上。肯尼思抱怨不迭，斯坦说道："算了吧，老兄，别像个老太太似的唠唠叨叨。"肯尼思向我讲述他俩夏天结伴去欧洲旅行的经历，这趟旅行让刚刚离婚的斯坦颇为振奋。

肯尼思告诉我："我们每住进一家旅馆，斯坦就会把口袋里的东西通通堆到梳妆台上，除了一些零钱，就是各种各样的垃圾——两三只烟屁股、半截电影票、两个空火柴盒以及一些线头。到了第二天早上，斯坦又小心翼翼地将它们撮到手上，全放回口袋里。"

我听后大笑不已。笑声未落，肯尼思转过身来对我说："如果你愿意，这工作就是你的了。你想要什么条件？"

我吓了一跳。我还不习惯这样直截了当地问话，或者说是还不习惯将笑话、故事和公事混为一谈的教授。那显然不是哈佛的办事风格。我一时语塞，于是回答："我不知该怎么说，给我最优厚的条件，怎么样？我会跟薇拉商量这件事，几周内给你答复。"

回到家没几天，我就收到来自肯尼思的正式信函，明尼苏达大学将聘我为副教授，并给予我终身教授资格，外加任命我为社会关系学研究实验室负责人。这简直是个令人难以置信的惊喜，我只有29岁，博士毕业后才工作了两年时间，居然得到如此优厚的待遇。但我并不想担任行政职务，于是打电话给斯坦。他立刻打消了我的顾虑："笨蛋！"他叫道，"实验室负责人一职唯一的含义，就是你可以决定如何花钱。我也做了几年负责人，我可以拿一百万跟你打赌，我比你更讨厌行政工作。如果没有别的原因，我求求你，就当是帮我减少离职的罪恶感，接受这份该死的工作吧！"

可我还是拿不定主意，于是给费斯廷格打电话。"你还担心什么呢？"他问。

"我是在想，哈佛大学能吸引到世界上最好的学生，明尼苏达大学的学生也会像他们一样出色吗？"

"你不需要哈佛做靠山。无论你在哪里执教，都会吸引到优秀的学生前来求学。"

"我？"

"就是你！接受这份工作，这是命令。"

我和薇拉从各方面权衡了去明尼苏达的利弊。从个人层面来看，波士顿是我的家，这里有红袜队、里维尔海滨木板道，而且这里也是薇拉的家。我们两家人都住在这里。我母亲仍旧住在我小时候住的那所老房子里；我妹妹葆拉也住在这儿；薇拉的姐姐莉莉已随我们来到剑桥镇；薇拉的父母也已经由以色列来到美国，目前和我们一起住在阿灵顿。薇拉的父母对我和薇拉帮助很大，夫妇俩悉心照顾着我们的三个孩子和正怀着第四胎的薇拉。他们不想再次离开家园搬到明尼苏达。

我母亲过得很好，父亲去世后，她开始享受自由自在的生活。虽然她一直弄不清"教授"是什么，更不知道社会心理学家跟其他心理学家有什么区别，但她为我成为教授而骄傲。工作日的某天下午我去看她，正好姨妈打来电话。母亲告诉她自己现在没时间跟她通话，因为儿子来看她了。电话那头的姨妈显然在问："阿伦森怎么能在工作时间来看你？"我听到母亲回答说："你是知道干教授这一行的，薪水不高，但上班时间比较自由。"

总之，我和薇拉有很多想留下来的理由。但我们都知道，两三年后我肯定得离开哈佛。既然横竖都要走人，为什么要拖到最后？为什么不趁现在手头有份好工作时离开呢？于是我打电话给肯尼思，接受了聘任。他希望我 9 月就能过去，我说那不可能。第一，薇拉的预产期是 8 月，我们不想带着新生儿搬家，而且薇拉产后需要休养一段时间。第二，我不想让自己正在带的三个学生陷入困境。学术界有两类教授，一类就像树，扎根一地后永不挪窝；另一类是流浪者，总是出于个人原因或职业机会频繁地换学校。如果注定成为后者，我不想做那种无情地抛弃学生的教授。

最后肯尼思答应我在学年中期过去。在哈佛大学最后的几个月，我指导梅里尔做博士论文，确保他毕业后能进耶鲁大学担任助理教授；托尼·格林沃尔德已经跟着沃尔特·米歇尔和戈登·奥尔波特一起做研究；约翰·达利同意跟我去明尼苏达，担任我的首席研究助理。次年 1 月，我的第四个宝宝乔舒亚已经五个月大了。我和薇拉再次整理行装，带着四个孩子搬到了冰天雪地的上中西部地区。

Not By Chance Alone

第四部分

变革：喜恶的答案

> 还记得九岁的一天，我坐在里维尔的马路边上，擦着流血的鼻子和破裂的嘴唇，问了自己一系列问题：为什么别人会仇视犹太人，如何才能让他们喜欢我……我的研究已经表明，偏见是可以消除的，不同种族的孩子可以学会相互喜欢。

Not By Chance Alone

第 7 章

永失至亲，偶得密友
■ 为什么人们会彼此喜欢

  我们的研究成果在社会心理学家中影响很大，被称作"失态效应"。从那以后，每当我的研究生在实验室里搞砸某些事时，总会狡辩说："我是故意这么做的，这样你就会更喜欢我了！"我则会回答说："但在犯错之前，你最好确保一开始做的是近乎完美的。"

就在乔舒亚快出生的 8 月的一天,家里的电话铃声突然在晚上 10 点响起。在我们家,只要电话铃声在晚上 8 点以后响起,就预示着有坏消息来临,无一例外。电话是贾森打来的,他的右肩被诊断出感染了癌症,将要接受截肢手术。放下电话我直接去了机场,赶上晚间航班飞到芝加哥。在飞机上,我一直在脑海中勾画着贾森失去肩膀后的模样,希望这不是真的,只是一次可恶的诊断失误。没想到 5 天后坐在回程的航班上时,我却在想,若只是失去肩膀就好了。

失去贾森

手术后没几天,一位实习医生偷偷告诉我和贾森的妻子埃丽卡,癌细胞已经扩散到贾森的全身,哥哥活不长了。贾森并不知道实情。在那个年代，如果病人的病情堪忧，医生很少对病人以实相告。我讨厌对贾森隐瞒病情，因为我知道贾森是那种无论真相多么残忍都希望如实了解的人。但医生和埃丽卡认为他不知道真相反而更好。于是我和他们达成默契，任由贾森相信截肢手术很成功。

9月，贾森来到波士顿看望母亲和妹妹，顺便见见新侄子。我邀请他在我的社会心理学课上做一次客座讲座，从一位政治学家的视角谈论社会影响。他一口答应下来："我原以为你永远不会请我来讲课！"作为像我一样的里维尔孩子，哈佛大学在贾森心目中占据至高无上的地位。他讲得十分精彩，从古雅典到当代芝加哥，关乎政治影响和权术的案例信手拈来，深深吸引了学子们。其间贾森频频走到黑板前，用左手毫不费力地写板书，仿佛生来就是左撇子。学生们都很喜欢他。当我们走出教室时，他用仅存的手臂搂着我的肩膀说："看，我的梦想实现了，我们真的在大学里教书了。"

探亲期间，贾森抱怨说老觉得呼吸不畅，很想知道是什么原因。我怀疑癌细胞已经扩散到他的肺部，那一刻我不想再佯装不知了，贾森有权利知道真相，有权决定如何度过他人生中最后的一段日子。于是我向他说明了真相。贾森听后深深地叹了口气，沉默了。然而几分钟后他开口说的第一句话不是关于他自己，而是关于我的。贾森谢谢我敢于告诉他实情，他说："这些日子你受累了，一直守着这个秘密。"

小时候在里维尔的日子里，棒球、扑克对我和贾森而言不仅仅是游戏。像在木板道上打工的经历一样，我们一直从游戏中学习君子为人行事之道。我俩十几岁时，有一次在看台上观看高中棒球赛。三振出局的击球手走向长凳时满脸不屑地看着球柄，仿佛它才是罪魁祸首。贾森冲着他大喊："笨蛋，又不是球棒的错！"我大笑。贾森扯着嗓子的模样很有趣，同时也给我上了一课：一个人要敢于承担责任。贾森教我打扑克时也一直对我进行教导。有一次我连续抓了三张烂牌，抓到第四张时不禁大发牢骚："又是一张烂牌！"贾森瞪了我一眼，说道："永远不要抱怨自己手里抓到的牌。从长远来看，好牌、一般的牌和烂牌出现的机会均等。任何白痴抓到全家福都会赢。打扑克的乐趣就在于想办法把手里的牌以最佳方式打出去。如果打法得当，再烂的牌也能赢。"

波士顿之行四个月后，贾森去世了，当时他刚刚过完32岁生日。最后的日子里，他一直和自己最喜欢的朋友们待在一起。贾森的朋友都是特别聪明、睿智和善于言辞之人，他的公寓就像在举办文学沙龙和哲学沙龙。在不怠慢家庭和学生的前提下，我想多陪在哥哥身边。于是那年秋季学期，我几乎每个周末都穿梭于剑桥镇和芝加哥之间。

一天深夜，我睡在贾森家客厅的沙发上，忽然听到厨房传出声响。当时大约是凌晨三点，贾森正手忙脚乱地烧开水。我们一起坐下来喝茶，他说："看来老天自有安排。我总以为自己惧怕死亡，可是到最后，因为疼痛如此强烈，我已做好离去的准备了。"哥哥抓到了最烂的牌，但一直到游戏结束，他都打得很好。

我和贾森置身于一个大如洞穴的火车站，有点像纽约的中央车站。我们知道列车即将驶出，但没有车票，也搞不清楚我们要乘的那趟列车从哪一条铁轨出发。我们跑来跑去，始终找不到售票窗口。最后总算看到了，却是在远远的车站尽头。"你在这儿等着别动，我去买票。"贾森对我说。他攥着钱包飞奔而去，回来时气喘吁吁地递给我一张票，指着前方说："赶快跑过去，停在那条铁轨上的列车马上就要出发了。"

"你不跟我一起走吗？"

"我恐怕不能陪你了。从现在起，你得自己照顾自己。别担心，也别回头，一切都会顺利的。"

不知为何，听到他说这番话我并不惊讶。而且在梦中我也很惊讶自己居然能如此淡定。随即我深吸一口气，在列车开动的一刹那一跃而上。回头看时，贾森正伤心地朝我挥手道别。

不需要劳驾弗洛伊德，我自己就能分析出这个梦的含义。在我17岁那年，哥哥违抗了舅舅们的意愿，指引我步入一条正确的轨道，把我送上一列快车。如今我拥有了美满的家庭和蒸蒸日上的事业，他却永远离开了我。他将永远伫立在那座站台上，离我越来越远。

我异常思念贾森。除了薇拉，他是我最交心的朋友和知己。获知他死讯后的震惊慢慢退却后，我也开始关注自己的大限之日。我骤然明白，阿伦森家族显然是遭到天谴，存在某种基因缺陷，致使家族成员成为癌症高发人群。可怕的疾病不仅夺走了正值壮年的父亲和哥哥的生命，也让父亲的两个兄弟在三十多岁时就离开了人世。我担心自己死后薇拉和孩子们生活堪忧，于是想到投保一份数额巨大的人寿保险，就算我年纪轻轻就离开人世，也不能让妻儿挨饿受冻。就这样，一个29岁，身体十分健康的教授竟然购买了一份大额人寿保险，保诚保险公司实在太开心了。

不仅如此，我还开始向朋友和同事们调侃自己家族的"短命"遗传。我将这种令人讨厌的行为视作对自己的死亡警告。若无其事的家族"短命"史描述，就如同摆放在中世纪学者书桌上的头骨，警示效果如出一辙。它不断告诫我：人生苦短，前途未卜，别把时间浪费在无关紧要和乏味无趣的事情上。我要求自己好好珍惜有生的岁月。我对自己说："好吧，笨蛋，别再自艾自怜了。认真地计划一下，如果人生只剩下四五年光阴，你该如何度过？"

我想多陪陪薇拉和孩子们，还有更进一步的愿望：我想努力成为最好的丈夫和父亲。哈尔、尼尔和朱莉如今分别是六岁、五岁和三岁，乔舒亚还是个单纯快乐的小婴儿。我也想尽力成为最好的老师、研究者和同事。我原本就怀揣这样的雄心壮志，现在更专注于此，更迫切地想要实现它。我想方设法地合理安排时间，尽量多陪伴在家人身边，也丝毫没有疏忽自己挚爱的工作。我全心追求现世安好，积极地和薇拉、孩子们一起规划未来，也为他们今后的生活早作打算。

我惊讶地发现，如果不为琐事所累，你其实有充足的时间把每一件事做得尽善尽美。在大学里我工作勤奋，表现出色。但几乎每个晚上和周末都是不容干扰的家庭时间。我不允许备课、写论文、学术报告会和其他事务占用周末时光。我对待周末的原则是：人在家，心也在。周末白天，我极力确保与孩子们共享甜蜜的时光，晚上则另有安排。我和薇拉经常雇临时保姆，把孩子们安顿好以后，我们就去电影院、剧院和餐馆消遣，或者赴宴。我那些爱交际的同事们没完没了地举办教授聚会。

我和薇拉郑重决定，我们不只是四个孩子的父母，还依然是一对年轻的情侣。这对我们来说很重要。如果没有外出安排，我和薇拉就在家里制造浪漫氛围。待孩子们就寝，我们常常用烛光和红酒调配出简单而精致的午夜大餐。

贾森去世对我的影响并不都是积极和理性的。我开始酗酒。以前我喜欢跟薇拉喝点睡前酒，或者一有喜事就跟研究生们喝一两杯马提尼庆祝一下。但在明尼苏达，我愈发贪杯，饮酒也愈发频繁，聚会时甚至经常喝醉。薇拉和朋友们说我喝醉后会变得很感性，并不会发酒疯。但事实是他们不得不告知我醉后的所作所为，因为第二天早上酒醒后我就什么都不记得了。

另一方面，薇拉一直在告诫我开车不要太猛，这样太危险。现在回想起来才发现，以我固执的个性，能活到现在是多么不可思议的一件事情！很多年以后，我得知悲伤的男人最常见的三个表现是酗酒、飙车和在雨中唱忧郁伤感的歌曲。没错，三样我都有份。所幸的是，强烈的悲伤和过度的不理性行为在两年内慢慢减少了，没有酿出惨烈车祸，也没有导致朋友失和。但有关贾森伫立在站台上的场景，毕生都反复出现在我梦中，不断提醒我，为人处事眼光要深邃一些，长远一些。

暖意融融的明尼苏达

刚到明尼阿波利斯时，我和薇拉在离校园有一段距离的地方租了房子。第二年9月租约快到期时，虽然手头并不宽裕，我们还是决定买一幢属于自己的房子。寻找了数月，仅看中两幢房子，既够宽敞，又不算太贵。然而两幢房屋几乎找不到共同点。一幢是迷人的老式维多利亚风格房子，从那里步行就能到校园。我十分喜欢这幢房子，主要因为它靠近学校，我的同事和研究生们可以经常来家里做客，讨论研究课题，或只是闲聊。但那幢房子毗邻工业区，没有供孩子们玩耍的户外场地。另一幢房子位于郊区成片开发的住宅区内，虽然新一些，房屋样式却跟周围的住宅没有区别，离学校有 30 分钟车程。这幢房子有两个优点：一是有一个大院子，二是离奥瓦索湖还不到两公里。最终我们选择了它，觉得这里更适合孩子们居住。

搬进新居后不久，我看到一则二手独木舟的广告，立刻买了下来，想给薇拉和孩子们一个惊喜。那会儿正是萧瑟寒冷的 12 月，我将独木舟绑在车顶拉到家，薇拉见后大笑起来。

"有什么好笑的？"我奇怪地问。

"你自己去问费斯廷格！"她答道。

我真是活该被取笑！在郊区买房让我有点心理失调，总是想立刻做点什么来证明这个决定是正确的。不知何故，我刻意无视了一个显而易见的事实——此刻正是明尼阿波利斯漫长冬季的开端，待五个月后冰封的湖面完全融化，才能泛舟湖上。冬天里，明尼苏达人常常为了抄近路而驾车从湖面横穿而过。人们开玩笑说，春天到来的非官方标志，就是第一辆掉进冰窟窿里的车。于是我的独木舟在车库里足足躺了五个月。不过除了挤占空间，它还发挥了其他作用，令我正视了在校园边安家梦

175

破碎的事实。

第一次搬进社会关系学研究实验室时，我无比惊讶地发现，这个实验室并不像我去年春天到访时那样随处可见忙碌的身影。事实上，那儿看起来冷冷清清。斯坦曾向我保证，实验室秘书掌握了所有工作要诀，可以把我从繁重的行政工作中解脱出来。可如今她已怀孕七个月，正处于半休假状态。更要命的是，实验室里只有寥寥可数的几个研究生。哈罗德和斯坦离开时带走了他们最喜爱的研究生，余下的几个不是忙于做毕业论文，就是已经效力于实验室的另外两位同事达纳·布拉梅尔和本·威勒曼。我该怎么办？我需要一个研究助理，却没有可用之人。达纳和本告诉我，双子城①里的能人应有尽有，建议我在《明尼阿波利斯论坛报》(Minneapolis Tribune) 上登广告招人。

这般聘用研究助理的办法似乎不合常规，事实上却是一个极好的主意。应聘者蜂拥而至，我面试了其中 11 位最符合条件的人。他们大多数都能胜任这份工作，但其中一位应聘者以异乎寻常的聪慧打动了我。她的名字叫埃伦·伯沙伊德 (Ellen Berscheid)。埃伦从内华达大学获得硕士学位后在皮尔斯伯里磨粉公司市场营销部工作，"找寻游说家庭主妇购买蛋糕粉的方法"。她在面试中的举止很令我困惑。她说她很想得到这份工作，但不会为了给我留下好印象而刻意为之。事实上她的态度比这更差。打她一进门，言行举止就流露出争强好胜的个性，似乎什么话题都要和我争执一番。我想如果我说"今天真是个大晴天"（确实如此），她一定会立即反驳"胡说，快下雪了"。

---

① 指明尼阿波利斯和圣保罗。——译者注

但她无疑是最合适的人选，我决定聘用她。几个月后，我彻底被她的聪明才干折服，催促她去修几门研究生课程，并继续读博士。她照做了，并且以破纪录的速度拿到了博士学位。35年后，当埃伦被授予美国心理协会最高荣誉——杰出科学贡献奖时，她写了一篇简短的职业回忆录。读后我欣喜地得知，她将那次面试视为人生的一个重要转折点。她在回忆录里写道，因为在上一份工作中遭遇到普遍的性别歧视，当她走进我办公室时，以为这次也会受到不公正的对待。然而我录用了她，只是因为看中她的能力，而没有计较她所谓的"错误的性别和明显的恶劣态度"。这让她惊喜不已。

新来的研究生们既机灵敏锐又精力充沛，都是我、达纳和本从申请者中精挑细选出来的。到了10月，实验室里一派繁忙景象，让人兴奋的各项研究进展顺利。他们中有才华横溢的天主教牧师尤金·杰勒德和天才登山家达文·林德。约翰·达利在哈佛大学完成课程之后也来到实验室，成为我的大总管和新生们的学习榜样。我们最好的博士后来得出乎意料。一天，我接到费斯廷格的电话，说他有一个一流的博士生，名叫伊莱恩·哈特菲尔德·沃尔斯特。当时大多数学校都不聘用女教授，因此她难以谋得一份教职。费斯廷格问我可否想办法帮她在明尼苏达大学找一份工作。

"她到底有多出色？"我问。

"你知道斯坦·沙克特吗？"

"当然了。"我说。

"你知道埃利奥特·阿伦森吗？"

"知道一点点吧。"我说。

"她可以同他们并驾齐驱。"费斯廷格斩钉截铁地说。

当时我们系里没有空缺的教职，所以我觉得这事可能没戏。但几周后我打听到学生活动办公室正在招聘一位研究专员筹备新生舞会，我立刻给学校教务长打了一个电话。

"这对你我来说都是千载难逢的机会，"我说，"与其临时雇用一个研究人员分析舞会情况，为什么不正式聘用一个熟练的实验社会心理学家呢？他可以从中找到有趣的东西，把这份工作做好的同时说不定还能发掘出具有科研意义的课题。如果你聘到合适的人，我们实验室也可以与之合作。这样不仅你得到了一个能干的科研人才和顾问，我们也多了一位好同事。"

"好主意，"主任说，"你有什么人可以推荐吗？"

"还真巧呢……"我说。接着，伊莱恩就来到了明尼苏达大学。事实上，她确实利用这次任务进行了一项关于大学生约会偏好的突破性研究，发表在社会心理学的顶级期刊上。我们在实验室里给她安排了一间办公室。正如我们所期望的那样，大多数时间她都待在实验室里，与研究生们一起工作、交流，研究生们都视她为正式教授。伊莱恩是一位天生的优秀学者，也是我最喜欢的一位同事。因为不用教课，实验室的这

第7章 永失至亲，偶得密友 ■ 为什么人们会彼此喜欢

份工作对于伊莱恩来说相当于拿高薪的博士后。两年后她正式成为心理学系的一名助理教授。最终伊莱恩和埃伦·伯沙伊德结成一对高产的研究伙伴，愉快地合作了二十多年。

冰天雪地的明尼苏达却拥有暖意融融的人际氛围，与我在哈佛大学的遭遇迥异。同事之间没有等级和终身教授资格构筑的壁垒，菜鸟级助理教授可以随意与大师级同事开玩笑。在这里你可以见到斯塔克·哈撒韦（Starke Hathaway），他设计了明尼苏达多相人格测试，这是有史以来最重要的一项人格测试。你还能见到从生理学层面分辨谎言的国家级专家戴维·吕肯（David Lykken）、研究儿童复原力的前卫临床心理学家诺曼·加梅齐（Norman Garmezy）和两卷本著作《社会心理学手册》（Handbook of Social Psychology）的主编加德纳·林齐（Gardner Lindzey）。

当时美国大多数大学的心理学系都存在临床心理学家和实验心理学家之间的对立，双方都觉得自己做的研究更重要——临床心理学家研究真正的人，实验心理学家的研究科学精准。而我们系里并无此类门第之争。我确信形成相互尊重氛围的主导力量是保罗·米尔（Paul Meehl）。米尔思维异常敏捷，他不仅是优秀的实验家、娴熟的心理咨询师、卓越的科学哲学家，也是一流的心理测量专家。连系里的超级大腕都涉猎各个分支领域，其他人又怎么好意思掐架呢？

我相信是米尔的远见卓识使明尼苏达大学的终身教授资格审批制度与哈佛大学截然不同。同样是维持学术

> 明尼苏达多相人格测试
> Minnesota Multiphasic Personality Inventory
>
> 由明尼苏达大学教授哈撒韦和麦金力设计的一种人格测试，被广泛运用于犯罪调查、职业选择等多个领域。

上的高水准，哈佛大学采用极其保守的终身教授资格审批方式，而明尼苏达大学选择对年轻教授未来的学术成就进行精确判断。我回忆起第一年在明尼苏达大学时与米尔的一次交谈。我告诉他，我才毕业两年，明尼苏达大学就给我终身教授资格，让我受宠若惊。米尔说，他们并不是在赌博。

"真的吗？"我问。"何以见得？"

"我们看到了你的激情。"他说。

"激情？"

"过去的成绩固然可以很好地预测未来，"他说，"但最可靠的预测指标是你对工作的热情。你的论文字里行间都流露出对研究的热情和喜悦，任何人读后都能真切地感受到。"

米尔在教授晋级的时间间隔上也不愿墨守成规，他说："如果研究水平很高，就应该迅速晋级。"一年后的一天，他满面春风地冲进我的办公室，宣布资深教授们全票通过同意晋升我为正教授。突如其来的晋升把我弄蒙了。我并没有申请晋升，也没有其他学校来挖我，晋升我为教授的原因仅仅是因为他们觉得这是我应得的。在学术圈里摸爬滚打很多年后，我才意识到，明尼苏达大学晋升教授的做法是多么弥足珍贵。

如果系里的人际关系和学术气氛可以描述为温暖宜人的话，那么实验室里的氛围称得上百分之百的温馨惬意了。大家享受着一起工作、教学、合作研究的乐趣。哪怕只是待在实验室里，心情也十分愉快。终于能和一大帮意气相投的实验社会心理学家们一起工作，我提议每周二晚上召开所有社会心理学教授和研究生参加的研讨会。我们会在其中一人的家里碰面，一边享用啤酒和椒盐卷饼，一边相互探讨研究课题、实验程序和数据分析，并且相互担任对方课题的非正式顾问。我们甚至组建了一支师生垒球队，水平足以与校队一争高下。我们也从不放过任何一次开派对的机会。

我和薇拉视研究生们为家庭成员，这些学生和我们的孩子混得越来越熟，经常在我们家一待就是好长时间。某个周二晚间的例行研讨会上，还不到三岁的乔舒亚和几个学生闹着玩。那时早已过了他睡觉的时间，但他玩得太开心，根本不理会薇拉的呼唤。最后薇拉来到客厅一把抱起他，乔舒亚拼命扭动着想要挣脱她的怀抱，小胳膊伸向达文·林德，哭喊着："达文，救命！救救我！"此后的几个月，其他学生都用乔舒亚的呼救来向达文打招呼。

在明尼苏达大学，我发现，建筑物的设计风格会显著影响在里面工作的人的工作效率和创造性。我们实验室的布局很完美，占据了福特大楼第四层约一半的地盘，老师的办公室和实验室聚集在一起，毗邻实验室里最重要的地方——大楼尽头的一间超大的房间。在这个房间里，每个社会心理学研究生都拥有一张桌子，大房间里还有三四块黑板和两只交替使用的咖啡壶。我们称大房间为"牛棚"，因为我们常聚在那儿侃大山。从琐碎的八卦和体育新闻到重大的研究话题，我们无所不谈。我们经常在那里提出研究构想，许多实验构想就是在那里形成的。

一天下午我走进"牛棚"时,看见尤金·杰勒德和达文·林德笑作一团。尤金正在大声朗读帕金森(C. Northcote Parkinson)一本书中的章节。帕金森在这篇文章中用讽刺的口吻写到,在政府官僚机构里,工作总是被一拖再拖,直到所有时间都被工作占满。帕金森还援引了一些滑稽可笑的例子加以说明。

听了几分钟后我说:"尤金,这不仅仅是好笑,这个问题很有意思。"

"糟了,"达文说,"尤金你可要小心了,我看出来了,你马上就要被引诱去做一个实验项目了。"

"我不跟你一般见识,"我说,"但你碰巧说对了。官僚机构里工作的人们确实擅长混日子。他们假装一直在工作,于是工作拖到占据了所有可用的时间。他们整日闲坐在那里,处理枯燥的事务,不时看看时间。假设交给某人一项工作,并且要求他一天之内完成,会出现什么情况呢?他会反复查验自己完成的工作,不断加以改进和完善。不久后,再交给他一项相似的工作任务,但允许他一旦完成便可下班回家。我的假设是,上次的经历会让他认定完成此项工作需要花费整整一天时间,因而他可能花费比实际需要的更多的时间去完成它,即便现在是在浪费自己的时间,而不是机构的时间。"

尤金问:"你是说,一旦完成任务的规定时间变长,人们就会认定真的要花这么多时间才能完成任务吗?"

"你说对啦。"

于是尤金和我着手进行实验。实验程序很简单，几乎和我们在"牛棚"设想的一样。首先请被试完成一项乏味的任务，过程中实验者（尤金）突然被叫到房间外去接一通紧急的长途电话。我们刻意安排好尤金接电话时间的长短。在一种情境下，他离开的时间远远超出被试完成任务所需的时间。在另一种情境下，他离开的时间短一些，但也足够让被试从容地完成任务。下一步，尤金给被试安排另一项相似的任务，并且告诉他完成后即可离开，然后尤金就回到自己的办公室。结果发现，完成第二项任务时，有"额外时间"的被试远比有"足够时间"的被试花费了更多的时间。我们的实验结果比帕金森定律更完善！我们不仅证实了工作任务会被拖沓到占满一个人所有的可用时间，而且证实了从事该工作的人会就此将工作设定为需要额外时间才能完成。

"牛棚"里的人们都很喜欢这个实验，而且我们不断地把它应用于生活和工作中。我第一次受邀到美国心理协会专题研讨会上做一个特别演讲时，请柬是 7 月收到的。当时我的时间很充裕，用了五天时间来准备演讲。两三年后我又收到一个类似的邀请，但这次我手头有其他紧急的事情要做，最后只剩两天时间来准备。一开始我张皇失措，几乎想要谢绝邀请，毕竟写一份演讲稿就要花五天时间！细想后我才意识到，可能根本用不着五天时间。果然，我只用两天就准备好了演讲。

个人吸引力研究

社会心理学有一个基本的研究问题：为什么人们会彼此喜欢或相互厌恶？在 20 世纪 60 年代早期，几乎所有心理学家都会从行为主义角度进行解释：我们喜欢以某种方式给予我们酬赏的人。我们喜欢外貌出众之人，因为悦目的美丽给予我们审美上的酬赏；我们喜欢聪颖能干之人，因为我们可以依仗他们帮我们把事情做好；我们喜欢那些与我们有共同信仰和价值观的人，喜欢那些看似也喜欢我们的人，尤其喜欢那些拼命称赞我们、关注我们的人。相反，我们讨厌那些使我们遭受痛苦、尴尬或不愉快的人。

这些解释在任何一个外行人眼里都"仅仅是常识而已"。我祖母会说："你辛辛苦苦读博士就是为了学这个？你还包着尿片时我就可以教你这些道理了。"我和同事开玩笑地称这种研究为"芭芭（bubba）心理学"，芭芭在意第绪语里是祖母的意思。这些研究的指导原则没有错，只是对问题解释得不充分，也过于简单。相反，一提起入门考验实验我就兴奋，原因之一就在于，没有任何人的祖母可以预测出我们的研究结果。

当我决定深入研究个人吸引力时，我开始琢磨与上述说法相悖的可能。例如，如果一个人很能干就意味着给予我们酬赏，那么这个人越能干，我们就应该越喜欢他。但他人的聪明能干可能会给我们带来一些复杂的认知，这种复杂性为人类所独有。如果一个人太能干，会给人留下难以亲近的印象，如果一个人像超人似的无所不能，会出现什么情况呢？面对太有才的人，我们反而会觉得不舒服。但如果这个人偶尔表现出某些弱点，我们反而会更喜欢他。假设赫布是一位聪明的数学家，同时也是一位优秀的篮球选手和衣着考究之人，如果他偶尔将一列数字加错了，很简单的带球上篮出现失误，或者在公共场合露面时领带上有肉汁渍，我可能反而更喜欢他。

我敢说，一年前发生的一次军事冲突为我的观点提供了有力的佐证。1961年春天，美国军队坚信，如果在猪湾袭击古巴，一定能够推翻卡斯特罗政权。可入侵行动以惨败告终，举国难堪，肯尼迪总统尤甚，因为是他签署总统令出兵古巴的。可是军事惨败之后，盖洛普民意调查显示，肯尼迪总统的支持率反而上升了。

这是怎么回事？一种解释认为可能是民众认为危机时期更应支持总统，另一种解释认为可能是肯尼迪总统表示要对这次军事错误负全部责任，此举打动了民众。但我想到了第三种解释。肯尼迪是个极具魅力的男人。他既年轻英俊，又精明机智；他是一位战斗英雄；写过一本获得普利策奖的书；他是美国有史以来最年轻的总统，拥有一位美丽而多才多艺的夫人和一对可爱的孩子。总之，他的人生近乎完美。我想也许犯错反而增加了他的吸引力，令他看上去更有人情味一些，更像芸芸众生中的我们。

为了检验这一观点，我和本·威勒曼、乔安妮·弗洛伊德一同设计了一个简单的实验。被试是一些大学生志愿者，我们告诉他们，我们正在进行面试，挑选选手代表明尼苏达大学参加学院杯问答比赛。这是一档颇受欢迎的电视节目，来自不同学校的学生进行测验比赛。我们解释说希望被试帮我们挑选参赛选手，将自己对其中一位选手的直观印象告诉我们。每位被试都要听一段录音，录音中的面试官是由本扮演的，他每次面试一人，面试者是由一位研究生扮演的。他扮演的第一位选手表现得近乎完美；第二位选手的表现也近乎完美，但犯了一个愚蠢的错误；第三位选手表现平平；第四位选手也表现平平，而且犯了一个愚蠢的错误。每一次面试中，本都向选手提出一组很难的问题，就像学院杯问答比赛里的题目一样。那位研究生用相同的声音扮演每一位选手，只是回答的内容不同。

"近乎完美"的选手答对了92%的问题。当本询问他在高中的表现时，他轻描淡写地承认自己是一位优等生，担任学校年鉴的编辑，也是田径队成员。"表现平平"的选手只答对了30%。他告诉"面试官"，他在高中时成绩中等，是学校年鉴编辑部的校对，曾努力尝试进入田径队，但没有成功。在另外两段录音中，"近乎完美"和"表现平平"的选手都出现了严重的失态，将咖啡泼了自己一身。录音里传出杯盘相撞的混乱声响，以及选手充满懊恼的声音："天哪，我的新西装上到处都是咖啡。"

最后，我们请被试评价四位选手的表现。被试最喜欢"近乎完美"却犯了错的选手，最不喜欢"表现平平"又犯了错的选手。没犯错的"近乎完美"选手排名第二，没犯错的"表现平平"选手位列第三。显然，泼洒咖啡的行为本身并不具有吸引力。但这一行为给完美的人增添了一个惹人喜欢的维度，使他更受欢迎，同时使平庸之人显得更加平庸，更加不受欢迎。

我们的研究结果在社会心理学家中影响很大，被称作"失态效应"。从那以后，每当我的研究生在实验室里搞砸某些事时，总会狡辩说："我是故意这么做的，这样你就会更喜欢我了！"我则会回答道："但在犯错前，你最好确保自己一开始做得近乎完美。"

那时候最著名的行为主义观点普及者是超级销售员戴尔·卡内基。

第 7 章 永失至亲，偶得密友 ▪ 为什么人们会彼此喜欢

他的《人性的弱点》(*How to Win Friends and Influence People*) 一书写于 1936 年，已被翻译成 31 种文字，是广为流传的心理自助书籍之一。卡内基认为，如果你想让人们喜欢你，购买你的产品，或想改变他们的行为，就应该"慷慨地赞美对方"。也就是说，要表现出你真心地喜爱和欣赏他们，对他们感兴趣的事情也抱有浓厚的兴趣，以这样的行为来酬赏人们。此外，你越是称赞别人的优点，并且自己的优点越多，人们就会越喜欢你。

卡内基的自我推销术与我的亲身体验相反。如果一个几乎不认识我的人赞美我，我会怀疑他另有所图：他想向我推销什么吗？就算他对我的赞美是不容置疑的，但我认为赞美的价值还不如多传递一点真知灼见。

设想你是鸡尾酒会上的一名年轻男子，第一次见到一位叫佩姬的女子，与她交谈得十分愉快。过了一会儿你走到别处去将酒杯斟满，折回来时只见背对着你的佩姬正专注地与另一个人交谈。你听到她在谈论你，就很自然地停下来听。此时佩姬没有别有用心地说些什么，她甚至不知道你在偷听。如果佩姬告诉朋友她对你印象深刻，很喜欢你，发现你既聪明机智，又彬彬有礼，十分迷人。听到这番话后，你可能就会喜欢佩姬，你会想：多么聪慧而有见识的女人！但如果你听到她告诉朋友她讨厌你，发现你既乏味无趣，又不够坦诚，而且愚蠢、粗俗。听完这番话你可能就不太喜欢她了。你想：闲聊五分钟后就给人妄下结论，这个没有修养的女人！

迄今为止没什么不对的地方。现在设想你连续参加了七个晚上的鸡

尾酒会，令人惊奇的是同样的事情天天发生。每次你和佩姬闲聊几分钟后就离开。当你回来时，偷听到佩姬在谈论你。她可能每次都给予你正面评价，或者每次都是负面评价，或者每天的评价都不同——开始是负面评价，后面几天变成了正面评价；或者开头是正面评价，后面几天的评价越来越糟。四种情况中，哪一种情况下你最喜欢佩姬？哪一种情况下最讨厌她？

按照酬赏-强化理论学家和戴尔·卡内基的观点，第一种情况下你最喜欢佩姬，因为她慷慨地发表了对你的溢美之词；第二种情形下你最讨厌佩姬，因为她只说你坏话。也就是说，好话有酬赏的作用，越多越好；坏话有惩罚的作用，越多越糟。但我对此有不同的看法。人类是认知动物，永远想把事情弄个明白。我们十分在意一个人对自己评价的变化。如果佩姬一开始不喜欢我，但随着对我了解的加深，喜爱度也慢慢增加，这对我来说胜于天天听她夸我，因为其间有所盈利。相反，如果一开始她喜欢我，但接触一多，对我的喜爱度减少，这最令人痛心，因为其间有所亏损，在这种情形下我最不待见她。我把这一理论称作人际吸引的得失理论。

在物理学领域，阿尔伯特·爱因斯坦建构了一些伟大的思维实验并得出了明确的结论。唉，社会心理学的思维实验都没有明确结论，不过它们可以成为很好的起点，被我们带进实验室里。考虑到要在一小时以内搞定一切，我们如何设计出一个高信度的情境，抓住七次鸡尾酒会这一思维实验的核心要素呢？我们需要构建一个情境，让被试与某人进行交流，该人是我们预先安排好的实验同谋。之后被试会在"无意中"偷听到我们的实验同谋向第三方讲述自己对他的评价。再往后，被试与实验同谋再次交流，再偷听；再一次交流，再一次偷听……如此反复七次。我们哪有本事编造什么煽情故事，不过我和达文·林德好歹想出了一个。

被试（一位女大学生）来到实验室后，达文出来迎接她，领她去一间观察室。被试可以通过单向玻璃窗和一套扩音系统知晓主实验室发生的事情。达文告诉被试，他同时安排了两位女生参加实验，一位担任被试，另一位担任实验助手，既然她先到了，就请她担任实验助手。达文让她在屋里稍等片刻，自己出去看看另一位女生是否来了。几分钟后，被试透过单向玻璃窗，看到达文和另一位女生走进实验室。女生叫达茜·奥曼，是一位本科生，我们安排的实验同谋。达文让达茜坐下，说自己会很快回来向她解释实验程序。随后他回到观察室，对真正的被试介绍编造出的实验程序，让她以为自己是实验同谋。

达文请被试帮他对达茜进行言语条件反射实验。也就是说，达茜在谈话中每使用一个复数名词，达文就会给她一定的酬赏。他告诉被试，这些酬赏会增加达茜说复数名词的频率，但他关注的是这一现象是否会泛化到其他情境中。也就是说，当某人在交谈中使用复数名词时对方并不给予酬赏，此人还会继续使用更多的复数名词吗？达文解释说，每当达茜说出一个复数名词，他就以点头、微笑、"嗯嗯"这样的小酬赏作为回应。达文给被试提了一个问题："即便你没有给她酬赏，当她跟你交谈的时候，还会继续使用大量复数名词吗？"他接着说，实验助手的任务就是聆听他和达茜的谈话，记录达茜所用的复数名词数量，随后吸引达茜进入使用复数名词但并无酬赏的一系列谈话中，这样达文就能判断是否发生了泛化现象。达文告诉被试，他们俩需要轮番与达茜交谈，直到每人都跟达茜有过七次交谈为止。

达文明确地告知被试,不能让达茜知道实验目的,否则实验结果就会出现偏差。他解释说自己将告诉达茜,目前做的是有关人际吸引力的实验,让她和被试进行七次简短的交流。每次交流的间隙,她和被试都要接受访谈,达文访谈达茜,另一个助手在另一间屋子里访谈被试,了解她们彼此对对方的印象如何。事实上,在达文访谈达茜时,被试正在观察室里聆听两人的谈话,计算达茜使用复数名词的数量。由于我们已让被试相信,达茜认为该实验是研究人际吸引力的,因而达文询问达茜对被试的印象时并不会引起被试的怀疑。就这样,被试连续七次亲耳听到某同学对自己的评价。这种研究设计对实验者而言,说出来比做起来更复杂。好在达文卖力解释的可信度很高:84名被试中,只有4人质疑我们的实验程序。

实验包含了四种情境:(1)正面评价情境——实验同谋一直对被试给予高度评价;(2)负面评价情境——七次都是负面评价;(3)盈利性评价情境——前几次是负面评价,慢慢地,正面评价越来越多;(4)亏损性评价情境——前几次评价很高,慢慢地变成了负面评价。研究结果证实了我们的假设:被试在盈利性评价情境中对达茜的喜爱程度明显高于正面评价情境,这恰恰说明了戴尔·卡内基有关慷慨发表赞美的观点是错的。反之,被试在亏损性评价情境中对达茜的厌恶程度也明显高于负面评价情境。

挚友加德纳

正如实验室和"牛棚"的布局有利于师生之间进行创造性的对话并建立友谊，明尼苏达大学教授俱乐部的布局也起到了相同的作用。无论是初来乍到的助理教授，还是最受人尊敬的资深教授，都可以在这里平等自由地交谈。这又是一个与哈佛大学截然不同的地方。哈佛大学的教授俱乐部里，熨得十分平整的桌布上摆放着鲜美的食物，还有侍者专门为我们服务。而我在那里用餐的次数屈指可数，还都是应某位资深教授的邀约。明尼苏达大学的教授俱乐部没有那么正规，像自助餐厅里一样随意，食物都放在塑料盘里，菜色也很一般。

心理学系大多数教授几乎每天都在那里吃午餐。虽然用餐环境缺乏高雅情调，但饭桌上的交谈轻松有趣，常常碰出思维的火花。我们喜欢在餐厅最顶头的一张大圆桌上用餐，因此那儿被称为"心理学角落"。但这个角落并非我们独家享有，经常会有其他系的同事加入我们的行列，比如科学家赫伯特·费格尔（Herbert Feigl）和小说家杰克·路德维希（Jack Ludwig）。

我就是在这样的午餐聚会上认识了加德纳·林齐，后来我们成为一对密友。一开始我对加德纳很是敬畏，他比我年长12岁，而且已经编撰了两本最重要的社会心理学书籍。加德纳是圆桌上的"明星"，既能讲故事把大家逗得哈哈大笑，也很擅长打开别人的话匣子。最令我佩服的是，他似乎对每个人的研究都了如指掌，前一分钟还在询问肯尼思正在进行的动物学习实验的细节，这一分钟又在跟戴维·吕肯探讨测谎实验的详情。而且加德纳总有法子让每个人的研究课题同在座其他人的兴趣挂上钩。我所有发表过的研究论文他都知道，所以他常常向我仔细询问一些具体的实验程序。

加德纳博学多才，不仅是各种信息的源头，也是一位资深八卦人士。他了解这个圈子发生的所有事情，例如谁离开了某某大学去了其他地方、谁获得了晋升、谁没拿到终身教授资格。他还知道谁快离婚了，谁和谁在一起了。有一天我问他，为什么很久没在午餐时看到杰克·路德维希。他无比震惊地看着我，问道："你还没读《赫索格》（*Herzog*）吗？已经出版两个月了！赶快去读，写的都是你认识的人。"

《赫索格》的作者是索尔·贝娄（Saul Bellow），此人几年前曾在明尼苏达大学做访问学者。那时候除了加德纳之外，没人知道贝娄的妻子与贝娄最亲近的朋友杰克有暧昧关系。贝娄为此极为愤怒，和妻子一起进行了心理辅导也无济于事，他们最终还是离婚了。贝娄用写小说的方式进行报复，在小说中几乎从不掩饰几位主角的真实身份。他本人就是赫索格，而杰克是瓦伦丁·格斯巴赫，与赫索格的妻子有暧昧关系。现实中的杰克有一只畸形足，而小说中的瓦伦丁有一条假肢，实在不能不让人产生联想。赫索格去找精神病科医生埃德维格，而埃德维格对赫索格的遭遇反应相当冷淡，赫索格因此指责他也爱上了自己的妻子。加德纳告诉我，贝娄去看的那位心理咨询师其实就是保罗·米尔。后来，我跟保罗提及贝娄在小说中对他的描写。"嗨，这帮作家。"他回答。

听了几则名人轶事后，我开始打趣加德纳，把他称作美国心理学界的赫达·霍珀[①]。保罗对这个称号嗤之以鼻："你太小看我们的朋友了，

---

① 赫达·霍珀（Hedda Hopper）：美国好莱坞明星，著名"交际花"。——译者注

加德纳肚里的八卦岂止限于美国大陆,全世界的小道消息他都知道。"

一天清晨,加德纳打来电话,问我是否愿意同他一起出席一个"商务午餐"。

"在哪儿?"我问。

"明尼阿波利斯市中心有几家超级棒的餐馆。教授俱乐部固然舒适,但总在那儿吃饭,把味觉都毁掉了,你也不想这样是吧?"

"当然不想。"我答道。

"11点半在你们楼下等着,我顺道过来接你。"

那次午餐,我和加德纳各自回忆起自己在哈佛大学的岁月。那时他师从戈登·奥尔波特,20世纪40年代后期拿到了博士学位,随后在哈佛大学教了几年书。他问我最喜欢哪些哈佛人,我提了几个名字。

"你那时在弓街9号,是不是?"他问道。

"没错。"

"有意思。我注意到你没有提杰罗姆·布鲁纳的名字。"

"说实话,我和杰罗姆相处得并不好。"

"我也讨厌那个混蛋。"加德纳兴高采烈地说。

"我可没这么说。"

"我知道你是这么想的。而且我是说真的,我也讨厌他。"

加德纳和我成为好朋友的原因很多,但却是这一点使我们的友谊突飞猛进。

从此我俩定期共进商务午餐,通常一周一两次,戴维·吕肯和保罗·米尔偶尔也会加入。我很快就意识到,加德纳评判餐馆的主要标准不是食物,而是那里的酒吧的水准。我们的午餐总是持续两个多小时,餐前来上两三杯马提尼,餐后再喝一杯法国白兰地。令人惊讶的是,午餐后我们下午的工作效率依然很高。我们的友谊开始于我酗酒的那段时间,那时加德纳正合我胃口。我不再贪杯以后,我们的午餐聚会和友谊也依然保持不变。我从没见过任何人像加德纳那样嗜酒,也没见过任何人像他那样风度优雅地端着酒杯。不过他也可以一连几周不沾酒精,也不会犯酒瘾。而且在我们近50年的交往中,我从未见过他酒后失控。

之后的几年中,我和加德纳就社会心理学研究和理论进行过许多次激烈的交流和争论。一次,他声称所罗门·阿希(Solomon Asch)的从众实验是这个学科领域最重要的实验。我说:"胡扯!这个实验没有任何理论支撑,又没有控制组,它只不过说明了人们比我们想象的更加容易从众。费斯廷格和卡尔史密斯的撒谎实验才是真的意义重大,既有理论依据,又与人们的直觉相悖,改变了整个社会心理学!谁会猜到,为

1 美元撒谎的人会比为 20 美元撒谎的人更容易相信那个谎言是真的？"

几番争论之后，加德纳邀请我担任《社会心理学手册》第二版的合编者。由于我一直把这部书当作社会心理学的"圣经"，所以这个邀请对我而言不啻编撰新版的圣经。这部手册囊括了全世界最著名的社会心理学家的最新见解、研究和理论。我一口答应下来，认为和加德纳一起工作将使我获益匪浅，事实也确实如此。

几周后的一天，我还沉浸在成为该书主编之一的喜悦中，加德纳提议让我撰写其中一章。这次我表示了异议："我的确可以就其中几个领域写出精彩的一章内容，但作为主编，我希望聘请最好的学者分别负责每一章的撰写，而我并不是最佳人选。"

"你来写一章有关实验方法的怎么样？"他问道。

"我又不是方法学家。"我说。

"但你在哈佛大学教过研究方法的研讨课。"

"没错，但那几乎是一门实践课程，我只是帮学生找到最适合的研究方法检验特定的假设。"

"这正是《社会心理学手册》所需要的内容，"加德纳说，"你只需好好分析一下自己做过的实验，尽量把你丰富的隐性知识[①]用明晰的语言

[①] 指我们知道但难以表述的知识，与显性知识相对。——译者注

表述出来,让人们明白你为什么会那样去做实验。"

"但要教如何做实验,老师必须让学生自己动手做,光看书是学不会的,"我抗议道,"教实验方法的老师和学生之间在很大程度上是师徒关系。就像你必须跟某人学艺,才能成为一名出色的主厨,光是看烹饪书是没法当大厨的。这个道理可能更适用于社会心理学。标准化的实验程序是不存在的,几乎每个新假设都需要设计新的实验程序进行检验。比如我们不可能用入门考验的实验程序来检验费斯廷格关于撒谎与报酬的假设。我们经常摸着石头过河,这种研究方式固然令人激动,但没人能写出一章'如何做社会心理学实验'作为学生的启蒙指导。"

"别这么死板,"加德纳说,"以前没人尝试过的领域,你正好可以做出开创性的贡献。我并不是要用你的书稿取代资深实验学家手把手的指导,而是把它作为初学者的一个帮手。为什么不试一试呢?如果写完觉得不满意,作为主编的你完全可以弃之不用。"

虽然我并没被他完全说服,但还是决定动笔试试,不过不是我一个人来写。我聘请了自己最得力的学生梅里尔·卡尔史密斯跟我合作,他面对这一挑战显得更为兴奋。像加德纳建议的那样,我们先分析了自己做过的实验,将每一项实验从设计到实施程序每个阶段中我们的想法和思路用清晰的语言表述出来。我们发现,写一本没有现成菜谱的烹饪书,实属不易。

我们先着手回应那时批评实验社会心理学的主要观点:在实验室环境里进行的实验研究是"非现实的"研究。对此,我和梅里尔提出了一个相当重要的问题——"现实主义"是什么？通过回答这个问题，我们明确阐述了"世俗"现实主义与"实验"现实主义之间的差异。一些批评者认为斯坦利·米尔格拉姆的服从实验是非现实的研究，毕竟在现实生活中，我们被要求连续电击一位无辜陌生人的概率很小。但这类批评忽视了关键的一点：按照实验现实主义的标准，整个实验程序对被试而言就是在参与真实的事件，其间他们的喜怒哀乐都是发自内心的。

我和梅里尔由此得出结论，世俗现实主义在一些情境下的确是必需的，如果要让人们阅读你放在假报纸里的一则消息，那么你用的报纸最好看上去像真正出版的报纸一样。但通常来说，只要实验室里发生的事情在被试眼里是真实的，世俗现实主义就不重要了。

接着，我和梅里尔着手研究建构高影响实验的基本要素。我们明确指出，实验面临的最重要挑战就是要确定一个自己感兴趣的概念性变量，也就是明确你想弄清楚的东西，然后将它转化成一套可以操作的实证步骤。困难在于你必须始终保持严谨的科学态度，不能丢掉假设中的核心概念和观点。实际操作比我们说的更加困难。很多时候，重要论题在被严格地操作成一连串的实验事件后，反而缩减成无足轻重或过于简化的论题了。

下一个问题是如何测量实验者的干预效果。社会心理学最常用的测量方法是量表测量，通常在访谈时使用。例如，在入门考验实验中，我们要求被试自我评定对所加入小组的喜爱程度；在撒谎实验中，梅里尔请被试自我评定对往托盘里装线轴这一乏味工作的喜爱程度。这类测量最容易操作，通常是获得信息的唯一可行方法。但实验者不能忘记，量表只是行为的替代品,应该尽可能地观察人们的实际行动,而不是询问他们的想法和感觉。在"禁玩玩具"实验中,如果想知道我们的警告是否减弱了禁玩玩具对儿童的吸引力,最好是观察儿童是否抵挡住了禁玩玩具的诱惑,而不是让他们告诉我们自己对禁玩玩具的喜爱程度。这就是乔纳森·弗里德曼的复制实验比我们的原创实验更为完善的地方。他使用了行为反应测量,通过观察儿童的实际行动来得出结论。

撰写完这章内容以后,我和梅里尔的实验技能都更上了一层楼。我们不仅正视了实验室研究的利弊,而且对于我们自己抛出的几个问题得出了创造性的解决办法。比如,行为反应测量固然理想,但若牵涉伦理问题或实际操作困难时该怎么办?有没有比我们熟悉的量表测量更好的替代方法?

我和梅里尔研究出了一个折中的测量方法,称为"拟行为"测量。假设你想研究观看描写美国都市饥民的伤感电影是否会增加人们的利他动机和行为。放电影很容易,但接下来几周你要追踪这批观众,看他们是否更加乐于助人,这并非易事。不过,你可以询问被试是否愿意签署一份正式协议,承诺践行一个具体的利他行为,比如到赈济所从事志愿工作。当然,获得某人的"拟行为"承诺,并不等于看见他真的去了赈济所。但这么做得出的结论,远比只是让人们自我评定对贫民和赈济所的看法要可靠多了。

最后,我们认真研究了实验后的访谈,即如何对被试坦承实验的真实意图。很多社会心理学实验都需要向被试掩饰真实目的,我和梅里尔认为,实验者必须把实验的来龙去脉原原本本地告诉被试,并解释我们掩饰真实意图的原因。完全坦白是我们和被试之间的隐形合约的关键条款。当然，没人知道自己被愚弄后会开心，所以坦白实验真实意图也讲求机敏和策略性，否则被试会认为自己是容易受骗上当的傻瓜。

实验者可以解释说，实验情境经过精心设计，具有以假乱真的效果，被试的反应行为很正常，也合乎情理。然后我们要解释实验目的，即为什么必须要采取欺骗手段，我们希望通过这一手段了解人性的什么特点。总之我们要确保每位被试离开实验室时都带着一颗完好无损的自尊心，至少跟他刚进屋时没有差别。如果被试能在参加实验后有所收获，那就更好了。实验结束后我与被试闲聊的时间，几乎跟做实验的时间一样多。

在哈佛大学时，我过去的导师戴维·麦克莱兰有一次告诉我，他毕生只做过一次社会心理学实验，还是他在耶鲁大学读研究生的时候。当时他正通过单向镜观察一名年轻男子，没想到那人突然站起来，拉开裤子拉链检查自己的阳具，显然是在寻找疹子或者擦伤什么的。我问麦克莱兰他向被试说明真实的实验程序时，是如何处理这件事情的。

"我没有跟他提，"他说，"否则我俩都会很尴尬。"

我哑哑嘴说道："据实以告是行规，不能破例。被试要是得知镜子是单面的，他会羞得无地自容。实验者告知被试所发生的事情时，要采用温和的方式。而就你的案例，也许还要以幽默的方式说明真相。"

不久后，我和梅里尔完成了这一章的撰写工作，我自己从《社会心理学手册》主编的角度也认可了它。出乎意料的是，内容恰好符合加德纳原先对我们的要求。通过将我们的隐性知识转化为显性知识，我们写出的文本惠及社会心理学研究生长达 50 年。《社会心理学手册》的研究方法章节最新版修订于 2010 年，与我合作的是梅里尔的儿子凯文·卡尔史密斯（Kevin Carlsmith）。我和梅里尔撰写第一版时，凯文还是个蹒跚学步的小孩子。整件事情颇具讽刺意味，但我承认自己甘之如饴。一开始拼命拒绝、认为自己无法完成的书稿，最终却成为我对社会心理学最久远的贡献之一。就像我祖母常说的一句话："真想不到！"

1964 年，加德纳离开明尼苏达大学，到得克萨斯州（以下简称得州）大学奥斯汀分校担任心理学系主任，立志要把它办成美国实力最强的心理学系之一。一年后，他力劝我过去主管社会心理学专业。我在明尼苏达才待了三年半，不太愿意离开。不过我所有的研究生都已经找到了好工作，手上也没有其他正在带的研究生。

我同薇拉商量，她说去留皆可。一方面，她在明尼阿波利斯交了很多朋友，也不想再次搬家；可另一方面，作为四个孩子的母亲，她觉得这里的冬天特别难挨，冷得刺骨又特别漫长。孩子们看到窗外一片阳光灿烂，就吵嚷着要出去玩，可 10 分钟后就冻成了冰棍，又闹着要回屋。只要想象一下给一个孩子穿上雪地装和雪靴，戴上帽子和手套再脱下来所花费的时间，再乘以四，你就会多少了解薇拉的难处了。所以她把决定权交给了我。

我相信任何一个理性的人都会选择原地不动。我喜爱明尼苏达大学心理学系的一切，也根本不想搬家。即使我想离开，得州也不是心仪之地。我不得不承认自己对这个州抱有成见。得州在我印象中是一片蛮荒之地，1963年肯尼迪总统在达拉斯遇刺的事件更加强化了这一印象。但最终，我的理性判断和对得州的偏见，通通输给了我和加德纳之间的友情。我们搬到了得州。

Not By Chance Alone

第 8 章

社会变革的风口浪尖
■ 种族偏见可以消除吗

　　拼图课堂效果显著，不同种族学生之间表现出更多的友爱，少数族裔学生的自尊心增强，考试成绩也有提高。这一研究表明，偏见可以消除，不同种族的孩子可以学会相互喜欢。小时候我常常问自己：为什么犹太人被人歧视，如何才能让他们喜欢我……今天，我终于用科学的方法，给了自己一个满意的答案。

第 8 章　社会变革的风口浪尖 ▪ 种族偏见可以消除吗

　　从 1965 年至 1974 年，我在奥斯汀生活了 10 年。这 10 年可谓 20 世纪最为动荡喧嚣的时期，身处其间自然热血沸腾，尤其是作为一个社会心理学家。越南战争打得正激烈，而反战运动也进行得如火如荼。全国各地纷纷上演各种静坐、性爱集会和抗议活动。示威人群叫喊着"要做爱，不要作战"，许多人甚至当场把宣言付诸行动。"人权运动"和"妇女解放运动"等词语频繁出现在新闻报道中，强化了人们的意识。"意识"这个词语用得恰如其分。人们不仅意识到那些显而易见的偏见与歧视，也意识到那些常常漠视的不太明显的不公平待遇。当我和戈登·奥尔波特在哈佛教授俱乐部共进午餐，畅谈反犹太主义和种族歧视时，我们却完全没有意识到，应该对女教授必须从后门进入俱乐部这一无理规定表示愤慨。

拼图课堂

　　这些社会变革在某些人眼里是可行的，在另一些人看来是空想主义，而对大多数人来说则是危险的无政府主义。1970 年，俄亥俄州国民警卫队向肯特州立大学进行反战和平示威的学生开枪，打死了 4 人，伤了 9 人，1 人致残。许多美国人对此表示愤怒，但更多的人则觉得那些学生活该。在那种政治氛围下，大学里没有人可以保持中立。

　　肯特州立大学枪击事件之后，无数得州学生决定前往奥斯汀市中心的市议会大厦举行反战示威。得州骑警，一帮既强硬又保守的执法者，闻讯后宣布他们会到事发现场武装"维持秩序"。所有人都明白那意味着什么。一些游骑兵视学生们的反战示威为不爱国的暴行，并公开表示了敌意。他们宣称很高兴为了保卫和平而让一些人的脑袋开花。在他们看来，大多数学生领袖藐视并决心挑衅游骑兵的权威。事态一触即发，各大电视台都派出一流记者前去报道，他们认为这场暴乱的画面感一定很强。虽然我支持学生的抗议行动，但也担心他们的安全。因此，我同其他几位教授自愿出任学生示威游行的组织者和领导者。

　　我们在游行前夜参加了学生集会。现场人满为患，一帮热血青年高喊着："去死吧，蠢猪！"众人兴奋不已，回应道："说得好极了！"我和几位同事发表讲话，警告学生不要和游骑兵发生冲突，否则会把和平游行变成一次暴乱。我们劝说学生采取明确而强势的方式进行游行，但不要有公然挑衅之举，否则会置自己的生命于危险境地。我们的讲话赢得零零星星的礼貌掌声，但远不及一声"说得好极了！"来得热烈。离开会场时，我仍不能确定学生们会如何行动。第二天我出发去参加示威

第 8 章　社会变革的风口浪尖·种族偏见可以消除吗

游行的路上，心情沉重不安。好在学生们选择了和平的示威行动，没有发生任何冲突。他们虽然大声呼喊着抗议口号，但没有任何行动让执法者有理由动用警棍或枪。电视台记者们早早就收拾东西离开了现场，显然他们认为非暴力游行没有新闻价值。

这场席卷全美的社会变革使我们察觉到了大学里存在的问题，从某种意义上说，也是社会问题的一个缩影。得州大学是一所一流学府，对州内居民所收的学费却低得惊人。任何成绩不错的得州高中毕业生几乎不用贷款，就能在奥斯汀接受良好的高等教育。可是我刚到那儿时，学生几乎全是纯种白人。即使是渴望赢取全国冠军的校橄榄球队也只有一个黑人球员。我与班上一些非裔、拉美裔学生交谈后得知，很多少数族裔学生不愿申请得州大学，他们觉得这地方对他们并不友善。他们说得对，非裔和拉美裔学生很难在学校附近租到房子。其实那里空房很多，但大多数房东都拒绝出租给少数族裔学生。

很明显，解决问题的第一步是立法，将房东对非裔和拉美裔学生的歧视定为非法行为。我和同事鲍勃·赫尔姆里希出席了奥斯汀市议会讨论住房公平提案的会议，并发表了演讲，从大学教育机会均等的角度来支持这一提案。为使我们的论点更有说服力，会议前一周我做了一次实地实验。我让学生们按照学校附近的租房广告前去看房，结果发现，穿着得体、谈吐文雅的非裔或墨西哥裔学生要求看房时，总是被告知房屋已租出，然而一小时后一位白人学生去同一个地方要求看房，立即就被房东领去看房。不同种族学生所受的待遇差别如此之大，只能用房东的偏见来解

> **歧视**
> **Discrimination**
>
> 仅仅因为一个人是某个团体的成员，就对其做出不公正的、负面的或有害的行为。歧视行为往往源于偏见，但种族歧视和性别歧视是制度上的歧视，即使在没有偏见意图的时候也如此。

207

释，这就是我展示给奥斯汀市议会的证据。当晚，市议会以微弱优势通过了住房公平提案。这是梅森·迪克森分界线①以南的主要城市中出台的第一个公平房产法令。

持有根深蒂固种族偏见的当地人自然对此感到十分愤怒。一天深夜两点，家里电话突然铃声大作。电话那头是个声音粗哑的男人。他称我为"黑鬼情人"，并威胁我说："我们知道你家住址，也知道你有四个孩子。如果哪天晚上你家门铃响了，请务必亲自去开门，因为有人会带着双管猎枪在那儿等你，我们可不想伤了孩子。"

我到奥斯汀警察局报案，警官却告诉我他们对此无能为力。

"那家伙可能只想吓唬吓唬你。"警官安慰我说。

"那他已经如愿以偿了。"我回答道。

全家人在恐惧中煎熬了几周。渐渐地我们意识到，那位警官说的没错。声音粗哑的家伙再没出现过，我们恢复了正常的生活。不过，这是我们第一次直接和顽固的种族偏见者打交道，领教了他们肆无忌惮的愤怒和威胁。令人安慰的是，我们的实地研究不仅推动了公平房产法的出台，还凸显出其他价值。第二年，我们学校少数族裔学生的人数就大幅增加了。

---

① 美国马里兰州和宾夕法尼亚州的分界线，也是过去蓄奴州的最北界限。——译者注

第 8 章　社会变革的风口浪尖▪种族偏见可以消除吗

市议会上的演讲以及与声音粗哑的恐吓者打交道的经历，将蛰伏在我内心深处 15 年的愿望再度唤醒：寻找做好研究和为世人谋福利相结合的机会。我并没有等待太久。1971 年奥斯汀公立学校废除了种族隔离措施，结果闹得一团糟。非裔、墨西哥裔和白人年轻人公开掐架，一幕幕闹剧在整座城市各个学校的校园里上演。

1954 年，最高法院对布朗诉教育委员会案①进行了裁决，此事件具有里程碑式的意义。奥斯汀废除学校种族隔离之举正是针对该事件的一个迟来的响应。在那次判决中，最高法院否决了现行法律的有关规定——只要黑人和白人拥有"平等的"教学设施，就允许实施种族隔离措施。根据最高法院的判决，"隔离但是待遇平等"本质上是违反宪法的。因为即便白人学校和黑人学校的设施一模一样，种族隔离仍然会对少数族裔孩子的自尊心产生"也许永远无法消除"的负面影响。

我记得当时很多人对最高法院的这一判决感到欢欣鼓舞，亚伯拉罕·马斯洛甚至在办公室里跳起了舞，他大声叫道："这是结束种族偏见的第一步！"理由自然是不言而喻的，如果种族隔离伤害了少数族裔孩子的自尊心，那么种族融合就将保护他们的自尊心。一旦少数族裔孩子的自尊心得以维护，他们的学业成绩也会提高。此外，如果说偏见主要出于无知和令人不快的刻板印象，那么让白人孩子和少数族裔孩子待在一起彼此了解，就能降低他们对彼此的敌意。

---

① 1951 年，来自堪萨斯州的布朗夫妇向联邦地方法院起诉，认为实施种族隔离措施的学校为黑人学生提供的待遇不平等，最高法院判定种族隔离的学校并未提供黑人学生公平教育，因此公立学校应该取消种族隔离。——译者注

不久后各地出现的种种现象明显表明，消除种族隔离并非易事，要达到预期效果没那么容易。大多数地区废除种族隔离措施后都会在社区里引发骚乱，或在教室里激起敌意。学校里的种族偏见实际上有所增加，而少数族裔孩子的自尊心和成绩都并未得到提高。奥斯汀的情况更富有戏剧效果，可以说是动乱的一个典型代表。

在一片混乱中，教育局局长助理打电话来，问我能否做点什么。他希望停止校园暴力，而我想知道为什么废除种族隔离没有产生预期的正面效果。双方的关注点有所重合，于是我接受了挑战。

研究的第一步，我要弄清楚教室里究竟发生了什么事情。我派研究生去两所小学的五六年级课堂进行系统观察。我指导他们如何观察："就坐在教室后面，什么也别说，过一会儿，孩子们就会忘记你们的存在。观察的时候，不要忽略任何事情。一些事情看上去很普通，却具有重大意义。避免犯此错误的一个好办法，就是假设自己是火星来客，从未走进过教室。你是第一次观察这些地球人做的每一件事情。把观察到的每一点都记下来，然后按照每一种行为出现的频率进行排序。"

在阅读学生的观察报告时，有件事引起了我们的关注。这是任何在传统公立学校读过书的人都认为理所当然的事情。课堂通常是一个高度竞争的场所，学生们相互较量，以期获得老师的关注和赞扬。奥斯汀和大多数地区一样，少数族裔孩子在学校课堂上几乎都是输家。针对不同种族孩子的教育问题，以前的法律规定"隔离但是待遇平等"，隔离的目的达到了，但从没有做到待遇平等，非裔和拉美裔孩子之前所上的学校教学质量并未达标，因而他们的阅读技能比白人孩子落后了差不多一个年级。

于是当老师在课堂上提问时，白人孩子纷纷举手，希望被老师点名回答问题，而少数族裔孩子局促不安，恨不得成为隐形人。两类孩子原本就对彼此有刻板印象，课堂上的竞争局面，加上不平等的竞争环境，强化并放大了这种刻板印象。白人孩子认为少数族裔孩子既愚蠢又懒惰，少数族裔孩子则认为白人孩子既傲慢又爱出风头。

我们的干预很简单，目的是重建教室里的动态关系，将不同种族孩子之间的竞争关系转变成合作关系。我们设计出互助小组的形式，小组成员包括不同种族背景的孩子，他们必须相互合作，才能弄懂整篇学习资料的内容。这种教学方法被我们称为拼图课堂（jigsaw classroom）。

整个教学过程如同玩拼图游戏，每个孩子都要为整幅图画贡献关键的一块拼图。比如，阅读材料的题目叫作"埃莉诺·罗斯福的一生"，小组中的每个孩子都被分配到一段内容，分别描述了罗斯福夫人人生中的一个阶段。孩子们先各自学习属于自己的那段内容，然后集中起来，分别向其他人介绍自己手上的那段内容。只有认真听完其他人的介绍，孩子们才能掌握整篇文章的信息。拼图环节结束后，教师立刻进行有关埃莉诺·罗斯福一生经历的书面考试。

设计拼图式教学策略时我有些担心，假如小组中有个阅读能力较差的孩子拖了别人的后腿可怎么办？其他人是不是会更加讨厌他？我仍然记得自己幼年时的那种感受：我是整个棒球队最逊的一个，也就是那种终极替补，却被安排在了右后场。可怜的小家伙站在那里，祈祷不要有任何球打到自己这边。可是突然之间，一个几

> **刻板印象**
> **Stereotype**
>
> 将某个群体概括化，即将同样的特征分派到该群体所有成员，而不管成员之间实际上的差异。刻板印象一旦形成，就很难因为新信息的出现而发生改变。

乎没有任何难度的高飞球向他飞来，此时此刻所有垒上都站着对方的跑垒员，我却把球接丢了。真是噩梦一场啊！

　　为了避免拼图小组里出现同样的灾难，我想出了一个办法。孩子们将老师分配给自己的段落内容通读几遍并弄明白后，就可以加入"专家组"。"专家组"里的成员来自各个拼图组，他们手上的阅读内容都是一样的。孩子们在"专家组"里一起讨论同一段内容，这样就能帮助阅读能力差的学生赶上大家的进度，随后再回到各自的拼图组将自己负责的段落讲解给其他组员听。有了"专家组"，就不会发生因为一个孩子看不懂阅读材料而拖全组后腿的事情了。当然，这种做法不能确保所有孩子都表现得完美无缺，也不能消除孩子的紧张情绪，但确实避免了有孩子在课堂上掉队的现象发生。

　　我们开始进行试测，将六年级一个班级的学生分成若干个拼图小组，这就是实验组，控制组则是一个传统的班级。开始时，实验组里的孩子们仍像以前那样参与课堂教学。但几天后他们意识到，竞争行为突然不起作用了。以一位墨西哥裔男孩卡洛斯为例，英语是他的第二语言，虽然卡洛斯英语说得很流利，但白人孩子经常嘲笑他的口音，因此卡洛斯在班里一般不说话。可是当我们将拼图式合作学习引入课堂后，卡洛斯不能再惜字如金了，他必须开口向别的同学讲解老师分配给自己的内容。

　　当卡洛斯开始复述自己的段落（埃莉诺·罗斯福的中年）时，他已经准备得很充分了。可是他有些紧张，话说得结结巴巴。起初，一些孩子大声叹气，或侧过脸看别处，有个孩子甚至骂他笨蛋。在传统课堂上，这些行为经常成功地令少数族裔孩子乱了阵脚。但在拼图式课堂上，孩子们很快认识到，对卡洛斯的无礼言行将影响他介绍阅读材料，如果学不到这部分内容，就不能在考试中拿高分。于是他们不得不学着静下心来，侧耳聆听，并提出各种问题，鼓励卡洛斯将自己掌握的内容清楚地表达出来。在这一过程中他们发现，卡洛斯比他们想象的聪明、和善得多。

拼图式合作学习进行了一周后，实验组班级的课堂氛围就大为改观。音乐和美术教师最先注意到这一变化，不禁询问班主任实施了什么神奇的教学改革。六周后，我们用实证方法记录了这一变化。我们让实验组和控制组的孩子自我评定他们对班级和学校的喜爱程度，并通过出勤记录验证他们所给答案的可信度。

实证数据证实了我们之前通过观察得出的结论：与传统班级的学生相比，实施拼图式教学策略的班级的所有学生对学校的喜爱程度都更高一些（旷课率显著下降）；无论在不同种族学生之间，还是同一种族学生之间，都表现出更多的友爱。白人学生的自尊心和考试成绩并无明显变化，但实验组班级里少数族裔学生的自尊心明显增强，考试平均分比传统班级少数族裔学生高出 9 分。这种差异无论在统计学意义上还是现实意义上都具有显著性。传统班级里的一个黑人学生可以得到 72 分，但在拼图式合作学习的班级里，一个黑人学生可以考出 81 分的好成绩。

我的研究生黛安娜·布里奇曼发现，与传统班级的学生相比，拼图式合作学习班级里的学生更懂得理解别人。这是为什么？在拼图式合作学习的班级里，学生必须密切关注其他小组成员的发言，这样才能提出更有价值的问题，使自己掌握好相关知识，这使他们学会了换位思考。这一发现令我很兴奋，学会理解别人至少与学习历史和地理知识一样重要。

研究证明，拼图式合作学习方法对教师的教学水平并无特殊要求。在复制实验中，我们选用了一份难度更高的书面考试卷，并且偷偷做了安排：给控制组班级指派了校长钦定的最佳教师。但实验结果依然如前。因此拼图式合作学习的班级学生的成绩提高，并不是因为教师教学水平高超，而是源自教学方法的改善。多年来，我们一直在推广拼图式合作学习，效果很稳定。而且，采用拼图式合作学习法的学校里的种族歧视现象更少一些。我们利用课间休息时间在操场上拍摄了一些照片，有充分证据说明谁和谁在一起玩。传统学校里的学生总是按族群聚成不同的群体，但在拼图式合作学习的学校里，却能见到种族融合的画面。

拼图式合作学习的成果令我十分开心。还记得九岁的一天，我坐在里维尔的马路边上，擦着流血的鼻子和破裂的嘴唇，问了自己一系列问题：为什么别人会仇视犹太人，如何才能让他们喜欢我……今天我终于用科学的方法，给那时的自己一个满意的答案。我的研究已经表明，偏见是可以消除的，不同种族的孩子可以学会相互喜欢。

为了达到这一目标，不仅要增加不同种族孩子相互接触的机会，更要探索正确的接触方式。正如戈登·奥尔波特在《偏见的本质》一书中所写："安排不同种族的人从事同一项工作，对消除种族偏见多少有些帮助。但如果大家都将自己看作团队的一分子，效果会更好。"以我在里维尔棒球队与非犹太队友们相处的经历来看，戈登的观察符合事实。一开始,大多数队友都以不信任的眼光看待我们犹太球员,但一旦我们结成一个团队,这种情绪就消失了。我们开始彼此理解,彼此喜欢,生发出友爱和尊重的情感,一直维系到棒球赛季结束后好长的一段时间。

我们在有专家评审的某科学期刊上发表了研究结果。但我希望拼图课堂不只是被其他心理学家知晓,更要被一般公众,尤其是老师和家长所了解。于是我用通俗易懂的手法重新讲述研究结果,写成文章投给了科普杂志《今日心理学》(*Psychology Today*)。我给文章配了许多彩色照片,刊登在杂志的显要位置上。我把登有这篇文章的几页杂志复印了几百份寄给全国各地的教育局局长,并说明自己可以提供免费的教师培训,然后静候即将纷至沓来的邀约。

我真是天真极了!如果没有人想要,或者想要的人不多,你就不能一厢情愿地往外送礼物。为了弄清邀约甚少的原因,我开始打随访电话。大多数教育局局长和校长解释说,学校各方面情况良好,不需要外人来传授新的教学方法。只有一个人说了实话:"如果我们采用你提倡的教学方法,你知道会发生什么事情吗?我的电话会响个不停,全部是家长的抱怨:'你的意思是要让黑人孩子来教我的孩子?那老师要做什么呢?'"我恍然大悟,只因为奥斯汀的学校陷入危机,我们才被邀请前去干预,而大部分地区的教育体系都有自己的标准:只要没发生危机,就算运行良好。

我的心情如同坐了一次过山车,飞到顶端后一下子又跌到最低谷。我已经设计出完美的教学策略,可以有效减少校园里的种族偏见,提高学生的学习成绩,但这种教学方法没法推广出去。朋友和同事们安慰我说：" 这就是官僚作风，你也无能为力。" 我的心情依然沉重。

就这样，拼图式合作学习法被搁置了约 14 年。到了 1984 年，为纪念布朗诉教育局案 30 周年，奥斯汀被美国人权委员会评选为消除学校种族隔离的模范城市。人权委员会盛赞拼图式合作学习法，我开始接到邀请赶赴全国各地培训教师。

之后的几年里，我一共为数十个学区培训了数百位教师，但拼图式合作学习法并未进入美国的主流教育体系，仍就只是沧海一粟而已。怎么回事呢？这种教学法操作起来简便易行，又以实证研究为依据，教师也乐于使用，为什么国会或教育部始终对拼图式合作学习法不感兴趣呢？我想很可能是因为它与左派或右派的观点都不一致。左派认为，要改变大多数弱势儿童的处境，必须进行大规模的制度性变革；右派则相信，如果学生成绩欠佳是因为遗传基因不好或者父母疏于教育，那么任何外界的干预都无济于事。作为一位公民，我为自己不能更有效地推广拼图式合作学习法而感到万分遗憾和失望。但作为一名社会心理学家，我对这种现象见怪不怪。有价值的实证研究成果一旦与现行政治意识形态背道而驰，就只能靠边站了。

第一本著作

我最喜欢的课是面向一二年级本科生开设的 "社会心理学导论"。很高兴我是第一个唤起他们心底对社会心理学热望的人。但在得州大学，我对现有教材越来越不满意了。不是因为它们学术含量不高，也不是因为写得不够严谨准确，更不是因为缺乏足够的图表和参考文献。恰恰相反，现有教材在这些方面都无可挑剔。但这些教材都没有讨论学生们最关注的问题——越战、种族歧视、政治暗杀，以及其他影响他们生活的重大事件。难怪大多数学生觉得教材既乏味无趣，又与自己毫无关系。

我整日抱怨教材不好，耳朵听出老茧的一位助教有一天对我说："您为什么不自己写本教材呢？"我立即对此嗤之以鼻，颇为自负地回答道："我是一名科学家，不应该把时间浪费在写教材上。"我虽然没写教材，但我围绕自己喜欢的主题写了几篇随笔，以个人视角将实验研究与社会现实问题联系起来，并讲述了自己的人生故事。我把这几篇随笔作为课程指定教材的辅助阅读资料。那时我尚未意识到，其实这已经是一本社会心理学教材的雏形。这本薄薄的，但颇有分量的教材名为《社会性动物》(*The Social Animal*)。

因为当时没打算当作教材来写，我完全由着自己的兴趣，采用自己的语言风格和第一人称，仿佛直接与学生交谈。在第一章，我无比自豪地阐述了"阿伦森第一定律"：举止疯狂的人不一定是疯子。这只是诸多阿伦森第一定律中的一条，并不存在阿伦森第二定律。我以命名"第一定律"的做法自嘲，不过所阐述内容本身是极其严肃的，反映了我对社会心理学本质的看法。换句话说，我认为社会情境能对人的行为产生强有力的影响：能让理智者变疯狂，让品行端正者行不义之举，让聪明人干蠢事，让勇敢者变懦弱。如果我们没有意识到社会环境对行为的影响，就很容易断言这些行为是由行为主体的某种性格或心智问题引发的。

1972年,《社会性动物》出版后大获成功,令我非常开心。如今该书已经修订到第 11 版,被翻译成 14 种语言,获得了很多奖项。我自然喜欢来自同行的赞扬和反馈,但最让我兴奋的是,有很多人写信告诉我,正是因为本科时读了《社会性动物》,他们才决定成为一名社会心理学家。

会心团体

得州大学奥斯汀分校心理学系渐渐在全国范围内赢得了声誉。作为其中的一分子,我甚感欣慰。事实证明,加德纳·林齐慧眼识英豪,是位了不起的系主任。迈克尔·卡恩也是富有活力的教授队伍中一员,加德纳特意从耶鲁大学挖他来接手繁重的《社会心理学导论》课程。我和迈克尔在哈佛大学就认识,那时他是临床心理学专业的研究生,我们成了很好的朋友。如今他不仅是一位出色的老师,还是一位训练有素的 T 组①领导者。T 组的创始人是库尔特·勒温(Kurt Lewin),是公认的实验社会心理学之父。我总是将他视为"师爷",因为他是利昂·费斯廷格的导师。

勒温创办 T 组纯属偶然。一开始,他只想知道小组讨论是否能够对社会问题提出创新性的解决办法,于是征募了约 50 名教育工作者,将他们分成几个小组分别进行问题讨论。为了对小组讨论进行评估,勒温让几位研究生对小组讨论进行观察,晚上集体讨论发生在每个小组里的

---

① T 代表 training,是"敏感性训练"(sensitivity training)的简写。——译者注

群体动力现象。

一天晚上，几位教育工作者询问他们是否能坐下来聆听研究生们的观察报告，勒温同意了。当一位观察者指出某位教育工作者在白天的讨论中对同事发脾气时，这位教育工作者立刻反驳说她根本没有发脾气，只是当时讨论的话题令她情绪很激动。但观察者坚持自己的立场——"你看上去就是在发脾气！"接下来的讨论十分热烈，也让大家深受启发。第二天晚上，所有教育工作者都来了，积极地加入讨论中，频频对观察者的报告提出异议。

勒温很快捕捉到问题的关键。正在讨论如何解决某个问题的小组，如果暂停讨论，让组员谈论自身的感受和意图，能够获得很大的收获。组员不必接受群体动力学训练，实际上他们本人就是讨论过程的最佳观察者，因为每个人的意图都是秘而不宣的。无论旁观者有多敏锐，接受过多好的训练，都不易掌握这些信息。随着时间的推移，讨论小组的议程色彩减弱了，没有正式的计划，没有讨论的问题，只有群体动力的存在。建立小组的目的转变为帮助组员彼此进行更有效的交流，了解别人如何看待自己。T组很快就成为人类潜能运动的急先锋。

由此，勒温不但培养了很多全国知名的实验社会心理学家，也培养了第一代T组领导人。然而很多年以后，这两个阵营分道扬镳。读研究生时我曾问过费斯廷格对T组的看法，他报以一丝嘲笑。费斯廷格之所以不待见T组，是因为他认为其价值值得怀疑，对社会心理学的贡献微乎其微。当我向迈克尔·卡恩表示对T组心存疑虑时，他说："嗨，你是一位科学家，为什么不自己去解疑释惑？我正准备在奥斯汀组建一支

T组,你不妨也参加进来,然后告诉我有什么地方不对。"我无法拒绝他的邀请,参加了T组活动,接着便爱上了它。为了更深入地了解T组,我专程去了一趟勒温的学生在缅因州贝塞尔建立的国家训练实验室。1967年夏天,我作为T组组员待在那里;第二年夏天,我在那里担任实习生;第三年夏天,我成为了一位T组领导者。

但费斯廷格的怀疑并非毫无根据。20世纪六七十年代,会心团体(在西海岸一般这么称呼T组)吸引了很多追求刺激的人。很多小组以可疑的理论推断和不良心理学为指导,领导者都是自封的蹩脚领袖,所采用的交心方式有的很愚蠢,有的则带有强迫性。但在最好的T组里,领导者都经过群体动力学的严格培训,在他的有效指导下,组员能够在练习中获得启迪,提高洞察力,并受益终身。这些技能帮助他们成为了别人眼中更好的朋友、更好的老师、更好的老板、更好的父母和更好的配偶。

我最欣赏T组所强调的直接对话,它能够帮助组员把自己对别人的感觉与看法和判断区别开来,并清楚地表达自己的感受,而不是采取辱骂、责备和奉承的方式。小组里没有安排任何议程,也不关注他人过去的经历或童年的不幸遭遇,只强调此时此刻。在我领导的一个T组里,一位叫蒂姆的中年男子对比自己稍微年轻一些的男子彼得说道:"这三天我一直在观察你、听你说话,我认为你是个伪君子。"

他的说法有什么错误呢?蒂姆难道不是诚实地表

会心团体
Encounter Groups

人本主义心理学家卡尔·罗杰斯将20世纪六七十年代在美国出现的一些性质相似的组织称为"会心团体",其特点是,强调团体中的人际交往经验,促进个人成长,帮助个人了解自我、增强自信。"会心"意为"心与心的沟通"。

达了自己对彼得的感觉吗？事实并非如此。我们理解会心团体的关键是"感觉"一词。蒂姆并没有表达一种感觉，他表达的是一个判断。我所说的"感觉"，并不是指一个预感或一个假设，如同说"我感觉今天要下雨"一样；而是指生气、高兴、悲伤、快乐、烦恼、恐惧、不适、温暖、痛苦、嫉妒、兴奋等。于是我问蒂姆对彼得有什么感觉。

"嗯，我觉得彼得是个伪君子。"他说。

"这对你有什么影响呢？"

"让我讨厌。"

此时另一个组员插话问道："彼得到底做了什么令你讨厌的事情？"经过组员们的一番探查，蒂姆坦承，每当彼得向组里的女性献殷勤时，自己就觉得他很讨厌。经过更深入的探究，大家发现，原来蒂姆是讨厌彼得的女人缘。最后蒂姆坦白说，自己嫉妒彼得在女人眼里的魅力。也就是说，蒂姆最初隐藏了自己的嫉妒感觉，在心里将其转化为蔑视，这是一种自我保护。多年的社会历练让蒂姆认为，如果承认自己嫉妒别人，就会显得自己很脆弱，可若是表现出蔑视别人，自己就占了上风。虽然蒂姆在自我保护方面是成功的，但此举妨碍了他了解自己的真实感受，没法弄清楚产生这一感受的缘由，还妨碍了他与别人进行直接而有效的沟通。

社会上大多数人终其一生都在自我保护。实际上，我们每一个人都穿着一套行为的盔甲，试图将别人对自己的伤害程度降到最低。但有时我们将自己的真实感受隐藏得太好，不仅让别人无从知晓，连自己也被锁在心墙之外。而 T 组通过营造一个安全的氛围，让组员尽可能地脱去那层盔甲，尽情展示内心脆弱的一面，而不必担心受到攻击和嘲笑。

但如果蒂姆憎恨彼得，又会出现什么情况呢？他应该表达自己的恨意吗？如果蒂姆认为彼得是一个坏人，又会出现什么情况呢？他应该如实表达自己的想法吗？

  蒂姆："我恨你，彼得，你是个坏人。"
  彼得："我不是。"
  蒂姆："可我就是这样认为的。我只是按照小组规则坦承自己对你的感觉而已。"
  彼得："那只是你的感觉——而且，咱俩彼此彼此。"

通过直呼彼得的大名，蒂姆设立了一种特定情景，令彼得无法洗耳恭听，而是时时准备进行自我防卫和反击。但如果蒂姆用自己的感受引出谈话，比如"我既痛心又生气"，他就会将彼得引入一个讨论的情境中，看他做了什么令蒂姆痛心和生气的事情。

直截了当地说出内心的感受，将感觉与判断区分开来，是富有成效的沟通方式。原因有两点。第一，一个人对另一个人的看法和判断仅仅是一种推测。蒂姆认为彼得是伪君子和坏人，可能是事实，也可能不是，这只是蒂姆对彼得的分析结果。只有彼得才知道自己是不是伪君子，蒂姆只是在猜测。但蒂姆说他嫉妒彼得或者感到生气，这绝对是事实。蒂姆知道自己的感觉，丝毫没有猜测的成分。实际上，他是世界上唯一知道自己感受的人。彼得可能在意蒂姆的推测和判断，也可能并不在意。但如果他想跟蒂姆交朋友，他可能会想知道蒂姆内心真实的感受，以及蒂姆为什么会有这种感受。

第二，当蒂姆阐明自己对彼得的看法或判断时，他只是在说跟彼得相关的事情。但当他阐述自己因彼得的行为而产生的感受时，他同时也在阐述跟自己有关的事。因此，自我感受的表达就像送出一份品种繁多的大礼包，就好比蒂姆打开了自家大门让彼得进来。然而，如果蒂姆只是说出自己对彼得的判断，他就是在攻克彼得的心理防线，试图对彼得的动机或人格进行归因。在这种情况下，彼得有充分的理由予以还击，因为蒂姆无权不请自来地到他家里做客。

我们都喜欢听好话，T组的一项重要内容则是让组员学会正视别人对自己的负面评价，学会将其看作有价值的信息而不是人身攻击。比如，蒂姆和彼得在组里交流过对彼此的感受之后，下一步该怎么做？小组领导者会鼓励其他组员积极发言，说说他们是否也像蒂姆一样对彼得的行为很是不爽。如果只有蒂姆一人觉得不爽，他就会意识到，自己与那些有桃花运的男人走不到一起去。

但如果组里其他男人和蒂姆有一样的感觉，那么彼得就获得了有价值的信息：自己对女性的某些举动容易引起同性的嫉妒和敌意。现在轮到彼得考虑以后该如何行事了，是仍然像以前那样对待女性，让其他男人继续嫉妒甚至憎恨自己，还是对自己的行为加以改进，给别人，也给自己少惹点麻烦。决定权在他自己手上。即便彼得认为自己所做的"令人嫉妒的"行为对自己来说很重要，不愿意就此改变，他仍然了解到了这一行为给其他人留下的印象。以后再遇到蒂姆这样的反应，他就不会感到诧异，自己也不太可能有过激的反应。

在T组中得到的很多收获我一直铭记于心，并运用到了个人和家庭生活当中。举个例子，在T组的体验使我终于乐意"听从"亚伯拉罕·马斯洛多年以前的忠告。当时他说我言语尖刻如利刃，虽然没有"毒"，却让人退避三舍。那时我觉得自己需要像利刃一样的言语风格进行自我保护，掩饰腼腆给自己带来的痛苦。15年过去了，在接受了多次T组训练后，我意识到自己必须舍弃这种语言风格了。大多数时候我的确做到了。不过我并不想成为圣人，仍然喜欢偶尔调侃或讲点段子，只是为了逗人开心或缓解紧张的气氛。我尽量慎重地使用"利刃式幽默"，并时刻关注别人的感受。

T组也帮助我们全家人学会更好地表达自己的感受，更有效地解决问题。结婚初期，我发现薇拉受不了我一生气就提高嗓门的做法，更不用说摔门走人了。可我又找不到其他表达愤怒的方式，只能极力压住内心的怒火。T组则教会我以平静但有力的口吻表达自己的愤怒感受，既没有责备，也不含敌意，薇拉听后就不会觉得难过。如果询问结婚多年的夫妇维持婚姻的秘密是什么，他们的回答经常是老一套的"床头吵架床尾和"。这虽然不是很糟的建议，但至少可以说是不现实的。结婚55年来，我承认自己和薇拉偶尔会从床头一直吵到床尾，但我们知道不能让一次争吵持续很长时间而不着手解决，要探讨争吵的原因，想出今后如何避免的法子。

T组不仅教会我从建设性的角度表达生气的感受，也教会我用一个眼神、一个词语或一个触摸来表达自己感受到的温暖和爱意。它还教会我如何倾听别人真实的言语和感受，如何为自己的言行举止负责。

我们结婚不久，薇拉就决定不工作了，她想做一位全职太太。她将自己的才华和爱心全部倾注于培养我们的四个孩子上。到了20世纪60年代中期，女性解放运动空前高涨，人们脑子里都装着《女性的奥秘》(The Feminine Mystique)。每当在晚宴或聚会中被人问及职业时，薇拉就会觉得很不自在。当薇拉回答说自己是全职太太时，人们似乎就对她失去了兴趣，仿佛整天待在家里的家庭主妇自然没什么可谈论的话题。他们对薇拉的轻视态度令我很生气，任何认识薇拉的人都知道她能言善辩。

不过当薇拉决定成为一名T组领导者时，她过人的才华和智慧就拓展到了一个新领域。一开始，我俩一起担任小组领导人，那是一段十分有趣的经历。薇拉十分专业，她的存在为整个小组带来了一份安静平和，这是她一直让我赞叹不已的特质。薇拉创造了一个令组员倍感安全的氛围，哪怕他们正在焦虑、绝望和其他激烈的情感中苦苦挣扎。不久之后，薇拉就开始独立担任小组领导者，这份人生经历抹去了"只是一位母亲"给她带来的些许不安。

我和薇拉甚至在家里组织起了T组讨论。每周五晚餐后，全家人用一个小时回顾这一周所发生的事情。孩子们只要有任何没做完的事情、未解决的冲突以及不快乐的感受（甚至快乐的感受！），无论是发生在孩子之间，还是跟我们父母有关的，我们都鼓励他们说出来。他们喜欢这个畅所欲言的机会，我们也喜欢了解那些我们并不知晓的事情。这样的沟通既消除了误解，也避免了不和。有一次，8岁的乔舒亚对12岁的朱莉说，她的一些话伤了自己的心。朱莉回答道："嗨，乔舒亚，别傻了，我没有特别的意思。"薇拉温柔地对朱莉说："朱莉，别不把乔舒亚当回事，好好听听他说的话。我们知道你不想伤害他，但这并不意味着你没有伤害他。"这件事原本可能导致姐弟失和，或者乔舒亚一个人生闷气，但问题圆满解决了，靠的就是交心后彼此间加深了理解，以及交心后的一个拥抱。

我想说说对拥抱的看法。T组经常被讽刺为这样一个场所：参加者相信拥抱是治疗任何烦恼的灵丹妙药，所以大家动不动就派送虚假的拥抱。这话有点道理。偶尔会有某位组员转向我，声称他"需要一个拥抱"。作为领导者，我通常的反应是温和地提醒那人，我不是自动贩卖机，不能像派送糖块一样派送拥抱。然后我会试图帮助那人发现是什么感受令他不安或焦虑，以及他究竟想做什么。

我在T组得到的最大收获是学习如何成为那种温柔亲切又善于表达自己的人。我父亲自然不是这样的人。如今常听到有人哀叹："我父亲从未拥抱过我。"一些男人用这句话为自己冷淡孩子的行为开脱。但对我而言，父亲不擅长用肢体语言表达内心情感的事实，反而令我下定决心成为与他不一样的男人，如父亲未曾给予他妻儿的柔情蜜意，我一定要给予我的妻儿。

在我看来，恰当的拥抱和触摸最能够传递真挚的情感，给别人带来慰藉。研究表明肢体接触有诸多益处，可以降低血压、减轻疼痛，舒缓紧张情绪，我对此并不惊讶。作为社会人，我们渴望触摸，也需要触摸。当哲学教授阿伦·古尔维奇将手放在我头上说"好孩子"，当利昂·费斯廷格按住我肩膀，宣布我的学期论文值得一评时，我内心深切的感动一辈子都忘不了。平生第一次感受到来自敬仰之人的温暖触摸，让我意识到人人都有被触摸的冲动。在T组的工作经历则让我进一步认识到触摸的精神慰藉作用。最终，我不再对父亲冷淡的肢体语言耿耿于怀了。从我的孩子出生到现在，我都常常拥抱他们。当看到他们对我和薇拉，对自己的孩子、侄子、侄女和朋友流露出自然的爱意，我就觉得自己和薇拉已经教给了他们人生中最珍贵的东西。

在家里进行的T组讨论也让孩子们了解到直接沟通的重要性。一天深夜我们正打算就寝，16岁的哈尔和15岁的尼尔凑过来，提出一个奇怪的请求，希望我们允许他俩偷偷溜出去，和朋友们一起在街上溜达溜达。

我们问："溜达是什么意思？"

"是这样的，"哈尔回答，"一些朋友在父母就寝后会偷偷溜出家门，在城里从半夜一直溜达到凌晨三点。今天晚上我们想去跟他们碰面，但怕你们半夜醒来发现我们不在家会吓坏。"

我笑了："你们是在请求我们准许你们偷偷溜出去？"

"我知道说出来很愚蠢，"尼尔说，"但我们就是这个意思。"

"你们的朋友没有干过破坏公物之类的违法行为吧？"

"我保证没有。"哈尔说。

我和薇拉彼此交换了一下眼神，同意了他们的请求。

第二天早上，孩子们告诉了我们夜里发生的事情。大约凌晨两点半左右，他们在回家的路上被一辆巡逻车拦下了。巡警问他们："父母知道你们在外面吗？"他们点头说是，巡警自然不相信，于是开车送他们回家，并一直护送到大门口。满以为孩子们会因怕被父母骂个半死而瑟瑟发抖，但哈尔和尼尔却十分平静，巡警不禁再次询问他们："父母真的知道你们在外面玩？"他猜孩子们说的是实话，就离开了，也许心想他们的父母可真够呛。哈尔和尼尔后来再也没有请求晚上出去溜达了，因为他们发现"并没有我们想象的那么有趣"。

至于我，那时正经历着双面人生。平时，我在大学里进行严谨的实验室实验，周末，我和薇拉在社区领导 T 组活动。T 组组员来自各行各业，有牧师、医生、家庭主妇、律师、承包商、教授、商人等。我的学术同行们认为我失去了理智，可能脑子都坏掉了，他们无法理解我为什么要浪费时间去做会心团体的领导者。他们甚至请我在一次学术会议中做特邀报告，题目就是"埃利奥特·阿伦森将来会怎样"。另一方面，我新认识的人本主义同行们也不能相信，我居然花费大把大把的时间进行严格的实验室实验。

但我自己并未觉得两者之间有脱节之处。我在领导 T 组的过程中学到了有关人际吸引、竞争、社会影响和有效沟通的知识，这些都是社会心理学的研究重点。而实验社会心理学家的专业素养让我在领导 T 组时能够少说废话，直接切入话题核心，并且能够发现一些加快或者阻碍小组讨论进程的心理变化。

第8章 社会变革的风口浪尖 ■ 种族偏见可以消除吗

受得州任课教师协会的邀请，我和T组的两位实习生杰伍·赛克斯、马特·斯纳普开始进行T组巡回培训，为教师们开设讲习班，足迹遍及得州的大城市和小乡镇。我们讲授的都是T组活动的精华部分，侧重如何与学生进行有效的沟通，以及如何积极地倾听他们的焦虑和困扰。对大多数教师而言，我们的培训带来了相当大的文化冲击。上第一堂讲习课时，教师们穿着优雅的职业装前来听课，我们却胡子拉碴，衣着随意，就像令人敬畏的加州嬉皮士。一位教师后来跟我说，当我们步入举办讲习班的酒店大堂时，她对身边朋友说："天哪，我希望给我们上课的不是那三个家伙。"10分钟后她沮丧地发现，"那三个家伙"正是T组领导者。但教师们聆听着，参与着，在T组活动里受益良多。

两年后，得州任课教师协会对我们的工作给予了奖励。这份认可让我特别开心，它意味着在保守的得州，教师们开始重视人本主义心理学的价值及其对公立教育的促进作用。以前他们几乎都认为人本主义心理学是一种"卿卿我我"的颠覆性的教育理念。

虽然全心投身于社区和政治活动，我和薇拉并未成功地变成地道的得州人。我们喜欢奥斯汀，喜欢得州大学，但从未想过在这里度过余生。因此，当哈尔进入高三准备申请大学时，我和薇拉意识到该做个明智的决定了。我们一直是一个关系紧密的家庭，可孩子们很快将散居各处。我们能去哪里找个魅力之所，让孩子们长大后还愿意待在父母家附近呢？如果回答得简短一些，答案就是："得州不行。"

较长的回答就复杂一些。我们的理想是搬到一个有魅力的城市，靠近大海，气候宜人。那一定就是太平洋沿岸地区了。我特别中意加州大学圣克鲁兹分校。该校虽然才建校10年，已获得斐然的学术建树。哈尔也觉得这所学校不错，于是递交了申请，顺利地被录取了。该校对本科生实施创新的教学模式，整个大学分成八所独立的学院，每个学院都拥有几位来自不同系科的教授，而且每个学院都有一个特定的主题。迈克尔·卡恩几年前调到该校，加盟筹办中的克雷斯吉学院。克雷斯吉的主题是创造一个"课内外学习一体化"社区，学生将在T组里将课堂所学与实践相结合。在卡恩和我看来，这是理所当然的。

1974年，该校首任校长迪恩·麦克亨利聘我为克雷斯吉学院心理学教授兼院长。他说，整个心理学系都在热切期盼我的加盟。除了不想接受行政任命，其他的我都很满意。正当我纠结着是否接受聘任时，麦克亨利又打来电话说："我必须得告诉你，克雷斯吉学院的几位女教授正提议任命一位女院长。虽然对你个人没什么意见，但她们觉得这是任命首位女院长的好机会，并且已经推举了两位不错的候选人。不过学院大多数教授还是投了你的票。如果你愿意，院长就由你来当。"

这番话倒让我做了决定，我婉拒了学校的聘任。克雷斯吉学院对我的确很有吸引力，但我认为女教授们的提议合情合理，而且我不想让自己在这所大学的职业生涯从一场纷争开始。两周后，麦克亨利再次打来电话，说已经任命了一位女院长，问我是否愿意只以心理学教授的身份加入克雷斯吉学院。我当然乐意，于是接受了聘任。

去加州还有一个额外的收获。圣克鲁兹拥有一个人气颇旺的海滨木板道，那里居然矗立着一个货真价实的木制过山车，和我家乡里维尔的过山车十分相像。我的人生仿佛经历了一个轮回。

Not By Chance Alone

第五部分

回归：人生的起落

> 到了 2004 年,我的视力跌至谷底,我完全失去了中央视力。这可以说是好消息,因为不会出现比这更糟的情况了;也可以说是个坏消息,因为这就是最糟的情况。

Not By Chance Alone

第 9 章

最后的风波与华丽退场
■ 如何诱导他人自我说服

预防艾滋病的措施从医学问题变成了社会心理学问题：如何说服人们在性行为时使用避孕套。我们成功研究出虚伪范式，并产生了许多有趣的假设。但我想让其他学者来验证这些假设。一旦虚伪研究完成，我将华丽地退出江湖，就像资深棒球手梦想着打出最后一个全垒打，以此结束自己的职业生涯。

第 9 章　最后的风波与华丽退场 ■ 如何诱导他人自我说服

从得州搬到圣克鲁兹，简直就像进了天堂。圣克鲁兹的气候那么宜人，我又临海而居了。学校里涤荡着自由之风，学生们的思想十分活跃。无论当时还是现在，我和薇拉都认为，圣克鲁兹是最适合我俩和全家人居住的地方。如今，我们的四个孩子中有三个仍居住在圣克鲁兹或者附近地区。加州大学圣克鲁兹分校的学生呈两极分化的态势，这些年我所教过的学生里，最优秀的和最糟糕的都在这里。

T 组的衰落

进校头三年，我办公室左邻右舍的主人分别是一位哲学家和一位物理学家，对门是一位历史学家，再隔两扇门是位诗人。我和这些近邻们相处得甚为愉快，收获之一就是和隔壁的哲学家艾伦·苏齐（Ellen

235

Suckiel）合开了一门课程，叫作"生命周期的哲学和心理学基础"。该课程讲授了多年，成为学生评价最高的课程。

该校开创的学院体系是培养本科生的最佳方式，因为它既撷取了小规模私校的优势，比如斯沃斯莫尔学院和里德学院，又拥有大规模州立大学的先进设施。哈尔在那里茁壮成长，他和我的兴奋之情感染了尼尔、朱莉和乔舒亚，他们也相继求学于加州大学圣克鲁兹分校。

克雷斯吉学院成功打造出了课内外学习一体化社区。学生们不但可以跟其他学院的学生一样，修读历史学、心理学或者生物学等标准的大学课程，而且可以选修跨学科的研讨课。由于克雷斯吉学院的研讨课堂通常按照 T 组讨论的形式运作，故而比一般的学术讨论会更为激烈。学生们学习课程内容，教授们提出课程要求，并评价学生的表现。除此之外，学生们还在研讨会上了解自我，了解自己与同辈群体的关系，了解如何清楚而有效地进行沟通。我在缅因州伯特利带领的 T 组活动每次只有两周。活动结束后，组员们总是依依不舍地与其他组员话别，将小组所学带回家乡城市波士顿、纽约、芝加哥、蒙特利尔等。但在克雷斯吉学院，组员不会在短时间内各奔东西，因此大家结成了一个关系紧密的小圈子，"理论学习"和"经验学习"之间的传统学术障碍在这里完全消除了。

1970 年，当时最有名望的临床心理学家卡尔·罗杰斯（Carl Rogers）将会心团体称为"20 世纪最重要的社会发明"。然而这项伟大的社会发明仅仅走过了约 20 年的辉煌期。清教的影响力已渗透到美国文化中，虽然起起落落，却从未退去。随着其影响力的再度回归，T 组步入衰落期。在哈佛时,虽然我认为蒂莫西·利里和迪克·阿尔伯特希望通过裸盖菇素阻止人们犯罪的理想很幼稚,但也发现他们的乐观主义令人激动,富有感染力。这10年的反战抗议和平等运动都激起我的满腔热情,这些事件所预言的美好未来也令我兴奋不已。与此同时,我热爱会心团体的工作,因为它能够帮助人们意识到,人与人之间的隔阂可以被打破,温情和理解可以超越怀疑和偏见。我很天真地以为,通往这些目的地的道路是笔直的。我总是想:如果现在就这么美好,10年后该是怎样的美妙景象!

我没有料想到,对克雷斯吉学院里发生的一切,很多外人投以怀疑或嫉妒的目光,还有很多人毫不掩饰地表示敌意。"嗨!这帮人玩得开心着呢!如果真那么开心,还谈什么教育!"一次,有位学生跟一位教授说,他要去克雷斯吉学院与迈克尔·卡恩见面。教授一脸严肃地跟他说:"小心点——他会拥抱你的。"人们常常将T组讥讽为肉麻的自我关注和伪心理学的温床。后来学校来了新校长,克雷斯吉学院也来了新院长,都不赞成课内外学习一体化的实验改革。面对来自行政管理层和周围许多人的反对,年轻一些的教授不愿参加这一实验了。于是在我来到克雷斯吉学院三年后,课内外学习一体化社区解体了,这预示遍及全国的T组活动将"寿终正寝"。学生们异常失望,我的心都碎了。

又一次被恐吓

克雷斯吉学院的教学实验改革宣告失败后,我转到了阿德莱·史蒂文森学院,这是比较传统的一所学院。在那里,我大部分精力都花在心理学系研究生专业的建设上。刚进学院时并没有研究生专业，社会心理学同仁中也没人积极从事实验研究。我敦促系里先后聘请到两位出色的社会心理学家托马斯·佩蒂格鲁（Tom Pettigrew）和安东尼·普拉卡尼斯（Anthony Pratkanis），他们在各自的研究领域都很活跃。不久，我们三人就开设了一个应用社会心理学研究生专业，吸引了许多优秀的学生前来就读。

但是，对本科生十分有利的学习环境，却影响了研究生的科研训练。由于心理学系教授散居于校园的各个角落，研究生们很难与我们互动。在哈佛大学、明尼苏达大学和得州大学时，研究生的办公室多半紧邻我的办公室，我们全天都可以轻松自由地进行交流。我认为，保持密切的师生联系是办好研究生专业的关键所在。我说服校长给我们配了一个拖车式活动房作为工作室，就停在史蒂文森学院边上。工作室既提供了实验场所，也可以作为研究生助理的办公室。它并不奢华，但也不像弓街9号的阁楼那么寒酸。

1977年，我勉强同意担任代理系主任，直到找到正式的系主任就任为止。那年，研究生学术报告委员会决定邀请阿瑟·詹森为心理学系的教授和研究生们做一场报告。詹森是一位颇受争议的人物。他研究人类智商后得出结论认为，不同种族平均智商存在差异的原因之一是受到基因的影响。这无疑是一条爆炸性的结论，尤其在人权运动如火如荼的当口，很容易引发过激的反应。

我读过詹森的一篇代表性论文，看得出他是一位严肃的学者，并不是一个偏执狂。但作为社会心理学家，我认为詹森忽视了环境和情境对种族差异的影响。我不想邀请他来做报告，但并不是因为他备受争议，而是考虑到系里经费有限，我更希望请一位我认为所做研究更为有趣的心理学家。但是研究生委员会认为，如果能面对面地以友好的姿态质疑詹森的观点，该多么令人兴奋啊！作为代理系主任，我不想挑起争论，也不想回避它，于是同意邀请詹森。

詹森在电话里接受了我的邀请，让我吃惊的是，他同时提出要保证他的人身安全。詹森解释说，之前几个月在数所大学里，他的讲话都被学生们的尖叫淹没，学生们还向他吐口水、对他推推搡搡。我向他保证，这些过激举动绝对不会在加州大学发生，因为我们的学生思想开放活跃。更重要的是，我们的学术研讨会在系研讨室举行，规模通常很小，大约只有10位研究生和七八位教授参加，大家围坐在圆桌边进行研讨。我开玩笑说，我们的研究生从不向客人吐口水，但詹森并没有笑。

不久，令我吃惊和失望的事情发生了。詹森来加州大学的前一天晚上，几百名学生举行了一场集会，烧了他的一本著作和一些研究论文，宣称第二天晚上要大闹报告会现场。我在得州时就已熟悉右翼分子的偏执行径，如今面对自由主义者的偏执行径却非常震惊——这些人与我的价值观一致，但其行为与我在奥斯汀遇到的非民主分子如出一辙。

学生的愤怒和潜在的暴力行动令我左右为难。我答应确保詹森的安全，但200名学生"袭击"20人研讨室的场景十分令人担忧。我该叫警察来保护詹森吗？还是该取消报告会？显然都不行。我不想制造学生和警察发生冲突的场面，也不想屈从于非民主的粗暴行径。左思右想后，我找到了一个自认为不错的办法：研讨会改在一位教授家举行，在

239

系研讨室门上贴一张公告，宣布报告会改在校园外举行。当一群本科生赶到研讨室准备闹事时，发现里面空无一人，他们气坏了。

第二天的学生报纸就对我进行了攻击，称我是种族主义者，居然敢邀请詹森来学校作报告，他们还骂我是懦夫，不敢让学生跟詹森见面。不过这种中伤对我没有丝毫影响。10年前我在奥斯汀被人骂作"黑鬼情人"，如今又在圣克鲁兹被指责为种族主义者。作为奥斯汀事件的一个意想不到的呼应，当晚我也在家里接到一通令人不快的电话。不过对方是一位愤怒的学生，而不是一个声音粗哑的男子；电话是晚间八点打来的，而不是凌晨两点。但是仍让人觉得不安。

"明天的师生面谈时间不变吧？地点仍然在克雷斯吉咖啡屋外的露台上？"

"当然。"我回答。

他不怀好意地说道："你最好别失约。"

第二天我照旧来到露台，走到往常坐的桌子边，见到三位学生在那儿等我：哈尔、尼尔和朱莉（当时乔舒亚还在上高中）。薇拉已告诉孩子们我接到电话的事，以及可能会遇到的麻烦。于是他们前来给爸爸提供精神支持，必要时还可以充当保镖。10分钟后出现了几十位学生。其中一些人举着火把，他们一边高呼口号"阿伦森是种族主义者"，一边列队登上小山坡，来到露台上，在我桌边围成一圈。接着有人摁下录音机开关，对着麦克风一条一条地陈述我的罪状，然后将麦克风塞到我面前说道:"你有什么话要说?"

我做了所有信奉自由主义的教授都会做的事情:对他们进行了五分钟的讲演,赞美《美国宪法第一修正案》(the First Amendment)①。我告诉他们,很遗憾没让他们听到詹森的报告,但他们前一天晚上焚书并叫嚣要攻击报告会现场的行为令我别无选择。我告诉他们,学习的目的不仅仅是强化我们自己的信仰,也包括聆听和讨论诸多严肃学者的各种观点,其中有些观点我们也许并不赞同,有些观点甚至可能会对我们有所冒犯。在大学里,大家通常在争论中学有所得,但必须要讲民主。学生们倾听着,有几位甚至鼓起掌来。之后,他们就静静地散去了。

我朝自己的孩子们看去,见他们正咧着嘴笑。

"还不错,爸爸。"哈尔说。

"好极了。"朱莉说。

"咱们喝点咖啡吧。"尼尔说。

我花了好长时间才从这件事的阴影中走出来。不过詹森事件也让我看到学生身上难能可贵的品质:虽然思想异常活跃,但也乐于倾听教诲。之前我从未遇到过能将这两种品质合而为一的学生,甚至在哈佛大学也没有见过。大概是因为哈佛大学的本科生比加州大学圣克鲁兹分校

---

① 该修正案禁止制定任何法律剥夺公民的信仰自由、言论自由、出版自由、集会自由以及向政府和平请愿的自由。——译者注

的素养更高，也更有学问。但在我看来，他们也更循规蹈矩一些。我很欣赏加州大学圣克鲁兹分校的学生，他们敢于表达自己的想法，不怕得罪人，同时也愿意倾听。作为我对他们褒奖的回报，学生们扎堆般地去听我的社会心理学导论课。1979年，女校友协会决定设立年度优秀教学奖，并将该奖项第一个颁给了我。

性骚扰风波

20世纪70年代末、80年代初，美国社会的另一场变革风起云涌。T组旨在减少人与人之间的障碍——触摸别人是好的、健康的和充满人情味的行为。但在女权运动的影响下，社会逐渐发生改变，开始强调划清人与人之间的界限——触摸别人是无礼的、不得体的和做作的行为。我已经从T组学到，通过语言和肢体接触向别人表达正面的感受是可贵的行为。当然，带有表明权力或者支配目的的触摸是不得体的，我理解并接受女权主义者对它们的批判。毫无疑问，无论在T组还是在大千世界，不受欢迎的触摸都是错误的。但不久后就几乎没人关注触摸的得体和不得体之分，所有的触摸都被视为有所图谋。我感觉自己深陷在两种相互冲突的社会哲学里。

有一个学期，我的大班课"社会心理学导论"配有四名研究生助教。艾丽卡和苏珊娜都是三年级学生，两人从入学起就一直跟我工作，与我和薇拉的私交很好；亚历克斯是二年级学生，刚来跟我工作不久；另外一个一年级女生我叫她露易丝，但跟她一点儿也不熟。期末时，我和助教们一起对课程进行总结性回顾。露易丝用指责的语气对我说："我对您有意见。我注意到当您与助教们交流时，触摸女学生的频率远远高于触摸亚历克斯。我觉得那是性别歧视，也有失身份。"

我思量了一番，然后回答："是的，正如你所见，我和苏珊娜、艾丽卡交谈时的确频频触碰对方的手臂或肩膀，但我碰过你吗？"

"没有。"她答道。

"我也没有碰过亚历克斯，对吧？"

"对。"她回答。

于是我说："我和艾丽卡、苏珊娜认识好几年了。这么说是不是更恰当：我触摸熟人的频率比不熟的人要多一些？"

"也许吧。"她说，但显然并未被说服。

苏珊娜和艾丽卡饶有趣味地把这件事讲给薇拉听，但我觉得哭笑不得。阿伦·古尔维奇，你在哪里？1953年，当这位老哲学教授将手放在我头上，对我说"好孩子"的时候，我只是将其视为一种温情的表达，一种体现师生之情的举动。如果发生在怀疑之风日盛的今天，学生会不会认为这一举动有失体面，甚至视它为性骚扰？我与露易丝的交流，折射出圣克鲁兹分校和全国其他大多数高校校园内的这种不良风气。

一天上午，学校新近成立的性骚扰委员会派一名代表出席了心理学系的教授例会，并宣读了师生行为守则。我认为几乎所有条例都合情合理，也对这位代表的大部分发言内容表示赞同。这位代表不仅提出滥用教授之权实施性骚扰明显有悖伦理，也提请教授们注意另一些轻微的侵犯举动。她说，学生经常会对教授有所迷恋，但这并不意味着她们想要性接触。事实上，她们经常不知道自己想要什么。

但随即她的话就不合情理了。新守则要求男教授尽量避免带女研究生参加研究会议。年轻的社会心理学家斯蒂夫·赖特（Steve Wright）立刻提出异议。他说，像实验社会心理学会年会之类的一些学术会议，吸引了该学科最优秀的研究者和领军人物。对我们的研究生而言，出席这些会议是结识这些心理学大家的绝佳机会，学生们的饭碗很可能就握在这些人手上。他一语中地强调，这项规定会让女研究生在就业市场上处于劣势地位。

性骚扰办公室官员耸耸肩，没有回应斯蒂夫，继续宣布下一条针对所有教授的规定：从现在开始，只要听说哪位教师和哪位学生之间可能有性关系，就必须向她的办公室汇报。我不敢相信自己的耳朵，以为我理解有误，于是举手提问。

我说："如果一位学生告诉我她认为 X 教授可能和 Y 学生有染，我就得把这个谣言上报到你的办公室？"

"就是这个意思。"她说。

这简直难以置信。环顾屋内其他同事，大家居然神色如常。我不知道他们究竟是觉得上报谣言是个好主意，还是吓得不敢反对，抑或仅仅是漠不关心，也可能是像我一样，觉得条例实在荒唐，根本不愿理会，于是不想发言表态。

我不禁思绪万千。我想起一个阳光灿烂的春日，我漫步在校园里，突然一位美丽的少女从树背后跃出来，投入我的怀抱。我们热烈拥抱。她就是我的女儿朱莉，那时正在上大学二年级。几周后朱莉的一位室友不经意间提起，自己的男友罗恩问她，朱莉是否仍然在和阿伦森教授谈恋爱，他的一位朋友曾亲眼看见两人在校园里亲密地接吻。她大笑着告诉罗恩，朱莉姓阿伦森。谣言就是这样传开的，将拥抱传成接吻，接吻就变成了一段绯闻。但如果朱莉不是我女儿，而是某个女学生出于顽皮拥抱我，结果会怎样呢？是不是所有旁观者都必须将这一幕报告给性骚扰办公室？我们的校园变成什么地方了？犹豫再三，我还是开口表态了："我不会上报谣言。"

会议已变得荒诞起来。我的思绪又回到了1951年，想到一起打棒球的发小比利和艾尔嘲笑我跳出来反对约瑟夫·麦卡锡和他对公务员的政治审查。"是大学里教的吧？"他们曾问道。快40年过去了，那个时代的荒诞再次重现，我突然觉得一阵眩晕。作为一名自由主义者，我对性骚扰办公室官员的动机并无异议。但作为一位社会心理学家，我知道她采取的措施很可能带来事与愿违的结果，甚至可能具有危险性。让人们报告无中生有的谣言是极权主义的做法，容易散布恐惧心理，压制异己人士，殃及无辜。

我再次环顾在场的诸位同事，其中有三位都娶了自己的学生。新守则要将他们的结合列为"不体面"的婚姻吗?这位官员声称新守则是为了保护那些"不知道自己想要什么"的女生,那些"的确知道自己想要什么"的成熟而能干的女生又应该如何呢?这样谈恋爱是对的,那样是不对的——学校真想整天忙着管这些事情?

几天后,我的朋友、社会学家戴恩·阿彻(Dane Archer)也参加了类似的会议。他从会议室走出来,大步迈进我的办公室。像我一样,戴恩对上报谣言的要求很是震惊,但他也觉得很有趣,因为新守则与我们一些同事娶了学生的事实相冲突。他刚刚在哈佛大学校友杂志上读到一篇很搞笑的文章,说著名经济学家约翰·肯尼思·加尔布雷思(John Kenneth Galbraith)主动提出要上交自己的结婚证,因为与他相濡以沫60年的妻子在结婚前是他的学生。

"但我认为加尔布雷思理解错了,"戴恩说,"我认为目前的新规定是说教授可以跟学生结婚,只是不能和他们约会。"

几周后,几张没有署名的传单贴到了校园各处的树干上和布告栏里。传单上写得很清楚,只是搜集一对广受欢迎的男教授的信息,两人并未被指控性骚扰。我见后惊讶地摇摇头,没把它当回事,认为这只是一出幼稚的恶作剧。可不久后的一天早上,几张手写传单上出现了我的名字,恶作剧突然变得不好玩了。传单上写道:

  如果你觉得自己和
  埃利奥特·阿伦森
  的任何交往经历跟性骚扰有关,请拨打

> 性骚扰办公室电话 ×××××
> 我们会确保投诉的匿名性

传单底部有一行小一点的印刷体,说性骚扰办公室"以前没有收到过相关信息"。

我顿时觉得胸口发闷。谣言和诽谤即便最后被证明是子虚乌有,也有很强的生命力。尤其当一个人并未被指控有任何作奸犯科的行为时,要证明他的清白几乎不可能。但我竭尽全力搜集证据。几周后,在我的要求下,当时担任心理学系主任的雷·吉布斯和性骚扰办公室官员进行了交谈,得知尽管任何人都可以给她的办公室打匿名电话,但他们至今还没有接到一通电话。几天后,我自己办公室的电话响了,电话里传出一位学生呜咽的声音。

她犹犹豫豫地开口说道:"阿伦森博士,我向您道歉。我选修了您的社会心理学课程,认为您是一位了不起的老师。但那群人要我帮他们张贴有关您的传单,我很不愿意。可他们说:'他没有你想得那么好,你会明白的。'于是我听从了他们。但后来我听说根本没有一个人打电话过去,我觉得自己坏透了……"

"谢谢你,"我说,"真的很感谢你告诉我这件事。但你怎么知道没有人打过电话呢?"她突然把电话挂了。

事情就此结束。嗯,也不尽然。我怀疑一些看到传单的学生和教授也许真的认为我满校园地骚扰学生。接下来的几周我都心神不宁。在校园里穿过走廊或者人行道时，如果迎面过来的女生和我没有眼神接触（正如平常我们大多数人那样），我就会觉得不安：她是不是觉得我是性骚扰者才转移视线的？内心有一个声音在问："干吗管别人怎么想你？"但另一个声音一直在回答："我发现自己还是很在意别人的看法。"

几周后的一个周末，老友拉尔夫·哈伯来访。周日的早午餐上，他仿佛要验证我内心哪一个声音更强烈，问道："我听说你调戏学生，怎么回事？"原来本校一位学生是他们家的好友，拉尔夫从她那里得知了谣言。拉尔夫说："我对她说，以我对你的了解，任何这样的指控都不是事实。但她坚持说自己的消息绝对可靠，而且你已经被带到了某委员面前。"

这时，我发现自己已没有痛苦和烦恼，能以调侃的心态对待此事了。"当然不是，"我告诉他，"没有指控，哪来的委员会。而且，他们没有说我是调戏学生之人，而是说我是性骚扰者。"

虚伪范式研究

与此同时，我的研究生涯进入了繁荣期。我和托马斯·佩蒂格鲁、戴恩·阿彻、马蒂·霍普·冈萨雷斯用几年时间完成的节能研究，在20世纪70年代犹如一声惊雷，引发了公众的广泛关注。我还和戴安娜·布里奇曼对拼图式合作学习做了进一步的实验研究。进入20世纪80年代，像许多学校一样，加州大学校园里也在谈论一种可怕的新疾病的蔓延，就是艾滋病。由于艾滋病无法治愈，大家只能着眼于预防了。而当时几

第9章　最后的风波与华丽退场 ■ 如何诱导他人自我说服

乎所有艾滋病都是通过性行为传染的，因此预防措施很快从一个医学问题变成了一个社会心理学问题：如何说服人们在性行为时使用避孕套。

警钟式广告被证明完全无效。学校的健康中心展开声势浩大的宣传大战，分发宣传手册、开设讲座并现场示范，结果也只有约17%有性行为的学生使用避孕套。于是健康中心请我帮他们加强宣传力度。

首先，我和研究生们进行了问卷调查，了解为什么大多数学生不用避孕套。结果不出所料：他们认为戴避孕套既不方便，也不浪漫，死气沉沉的，没法让人兴奋。为了消除他们的成见，我们制作了一段简短的录像，拍摄了一对迷人的年轻夫妇以浪漫而性感的方式使用避孕套的过程。录像中，女性给男性戴上避孕套，作为性爱前奏的一部分。我强调说，我们的录像片应该属于R级片，而不是X级片[①]。画面里几乎没有裸体镜头，虽然有伴随着性快感带来的呻吟声，但动作都发生在被子下面。自愿出演的演员很有表演天分，将性快感表演得十分逼真。考虑到学校当前的政治氛围，这样的实验相当冒险，甚至有些草率从事。但我觉得我们要解决的问题十分重要，不能遮遮掩掩的。学校内部的审查委员们也赞成我的观点，他们一致表决通过了这项实验。

研究证明播放录像是行之有效的，但只有短期效果。避孕套使用率在几周内有所增加，但随即便迅速下降。追踪访谈显示，学生们从录像片中得知用避孕套可以引发性趣，但尝试几次后，他们发现自己并没有获得像片中男女那样浓烈的情趣，于是就不再用避孕套了。

[①] R级片指含有成年人之间才会有的话题和活动的影片；X级片指只限成年人观看的影片。——译者注

我没有泄气，开始尝试其他办法。多年的认知失调理论研究证明，当人们不是仅仅被别人规劝去改变自己，而是处于一个自我劝导进行改变的情境中，其行为就会发生更大的改变，持续时间也更长。例如，在我们的入门考验实验中，我们并没有试图劝说学生相信自己加入的乏味小组很有趣。这种方式注定失败，就像避孕套广告宣传战和R级录像片一样。正确的方法是将学生置于重度入门考验中，诱导他们自我说服，认为讨论小组很有趣。

那么如何诱导人们说服自己使用避孕套呢？我首先想到尝试运用费斯廷格和卡尔史密斯的范式，他们在实验中诱导人们为了一丁点报酬而说谎（把无聊的工作说成有趣的工作），由此制造出心理失调。被试为了减轻失调，说服自己认为这份工作真的很有趣。但这一范式不适用于推广避孕套的实验，因为无谎可撒。学生已经充分意识到了艾滋病的危害性，也完全知道使用避孕套是避免传染的最佳方式。他们什么都知道，但还是不肯使用避孕套。

为解决这个问题，我设计了一个思维实验。假设你是一位有性行为但不使用避孕套的大学生，在圣诞节回家的路上，你那位初尝了禁果的17岁弟弟向你炫耀他的性经历。作为一个有责任感的兄长，你提醒他性接触有感染艾滋病和其他性病的危险，并要求他使用避孕套。假设我偶然听到你们的交谈，就问你："你给弟弟的建议很好。顺便问一下，你多久用一次避孕套？"这一问就会让你意识到：你的自我观念将自己视为一个正直的人，但实际上自己的行为很虚伪。你会怎样减轻失调呢？你可以认为自己的确虚伪，或者践行自己刚刚倡导的理念——使用避孕套。

这就是1989年我提出虚伪范式的缘由。在和研究生杰夫·斯通、卡莉·弗里德进行的一系列实验中，我们请有性行为的大学生宣讲艾滋病的危害和使用避孕套的重要性。我们为每一场演讲录像，并告知演讲者，他们的录像将作为高中性教育课程的部分内容。录像结束后，我们设计了关键的情境，让他们谈谈自己没有使用避孕套时的情况，促使他们留意到自己的虚伪。这一招很管用。

我们自然不能跟着被试进卧室观察他们，但我们的确进行了间接的行为测量，即统计他们实际购买避孕套的数量。"虚伪"情境中的学生购买避孕套的数量多于控制组的学生。后者也进行了同样的演讲并被录像，但无人提醒他们其行为和所阐述观点有冲突。我们有理由相信，"虚伪"情境中的学生不仅买了避孕套，而且也真的在使用。几个月后，我们进行了追踪调查。该调查打着"评估校园性行为"的幌子，聘用本科生电话访问所有参加实验的被试。我们发现，"虚伪"情境中的学生继续使用避孕套的比例是控制组学生的三倍。

推广避孕套的实验成功后，我与研究生露丝·蒂博多合作了另一个虚伪实验——劝导学生节约用水。当时加州正处于一个周期性干旱中，校领导呼吁学生减少用水量，但收效甚微。我们制作了呼吁为节约用水而减少淋浴时间的海报，请学生在上面签名。学生们很乐意签名，毕竟人人都懂得节约用水的道理。随即，我们让其中一半的学生留意到自己的虚伪之处，方法就是让他们估计一下自己最后一次淋浴花了多长时间。这以后，我们的实验同谋就到健身中心的淋浴房里闲逛，暗中计算被试的淋浴时间。结果显示，实验组学生平均淋浴时间是三分半钟，只占控制组学生淋浴时间的一小部分。

重回斯坦福

　　虚伪范式拓展了认知失调理论的研究领域，被证明是探索人类行为的一个卓有成效的方式，产生了众多有趣的假设。但我想让其他学者来验证这些假设，至于我自己，到了跟社会心理学实验室说再见的时候了。我已年逾花甲，对实验的兴趣日益减少。一旦虚伪研究完成，我就华丽地退出江湖，就像资深棒球手梦想着最后一次打出全垒打，以此结束职业生涯。等杰夫、卡莉和露丝拿到博士学位，并在优秀的大学谋得教职，我就不打算带新学生了。我发现自己慢慢变得只求当下安好，实验室都开始积灰了。

　　正如我和艾伦·苏齐合作讲授的"生命周期"课程上相关理论预测的那样，我的工作兴趣发生了转移。我已经没什么耐心做实验，因为不想每次只为社会心理学大厦添一块砖、加一片瓦。晚年时，我想凭借自己的学识，将这些砖瓦叠放在一起。我想继续讲授大课，激发本科生对社会心理学的兴趣，也想为一般读者写书。我十分渴望通过这些方式整合自己的知识和经验。我和同系的同事安东尼·普拉卡尼斯一直对说服的使用和滥用颇有兴趣，于是我们合写了面向普通读者的《宣传时代》，将社会心理学的研究发现与我们的洞察和解释结合在一起。

　　那时我的一些好朋友都退休了，但我自己从未有过退休的念头。哥哥去世后的几年里，我确信自己也会英年早逝。三十几岁就要死的人怎么会考虑退休之事呢？一晃几十年过去了，我被迫舍弃了充满浪漫主义悲剧色彩的自我意象。即便这样，我还是不能想象自己要离开学校。我太热爱教学工作了，深信自己一直会站在讲台上。我甚至暗自幻想过这样的一幕：95岁高龄的我站在一个座无虚席的大礼堂里，正充满激情地讲授着认知失调理论，学生们满怀景仰之情，附耳倾听每一个字句，突然，我心脏病发作，倒在讲台上，就此离开人世。

到了1994年，虽然心存幻想，但因为兴趣的转移，我觉得自己在道义上有些左右为难了。我可以过得很轻松，继续教学、写书，领高薪。但学校聘用我的主要原因是看中了我的研究实力，并希望我能够将研究生们培养成为优秀的科学家，使他们在学术圈里顺利谋得职位，继续从事研究并培养他们的接班人。我可以不带研究生吗？如果这么做，就意味着我对学校有所亏欠。在没有研究热情的情况下，我该走过场般地带研究生吗？如果这么做，就是对冲着我申请我们学校的学生有所亏欠。

就在我为这些问题纠结时，加州陷入了周期性的金融危机。州议会要求所有州立大学大幅削减开支，学校为此鼓励老教授提前退休。与州政府财政预算不同，教授的退休金十分丰厚，可以拿到在职时薪水的3/4。为鼓励大家提早退休，学校承诺，钟爱教学工作的教授可以继续讲授自己喜欢的课程，期限是至少五年，甚至无限期，只是报酬很少。

这下正好解决了我的为难之事，我可以只教书而不做研究了。但"退休"一词还是让我不爽，似乎意味着结局，就像死亡一样。因此我像社会心理学实验中大多数被试那样，静观其他人的行动。心理学系最资深的两位教授比尔·多姆霍夫和托马斯·佩蒂格鲁都很愿意提前退休。

于是，如同孩提时里维尔海滩上的老人们手拉着手踏入冰冷的海浪中一样，我们三个人手拉手一起做出了艰难的决定。

我、比尔和托马斯退休了，但仍然在讲授自己喜爱的课程。比尔和托马斯教研讨课，我为 300 位本科生上社会心理学导论，一直到新的系主任走马上任为止。他单方面决定不再和我们续签教学协议，声称系里经费紧张，没钱付给我们报酬。这一解释简直可笑之极。社会心理学导论是本系的主干课程，而且我拿的课时津贴很少，学校花在每个学生身上的钱还不到 30 美元。学生们对此表示强烈抗议，但没有成功。于是我失去了这份工作。

幸运的是，斯坦福大学心理学系一听到这个消息，立刻请我去他们那里教课。作为杰出的访问教授，我可以一直教到自己不想教为止。2000 年 5 月里平淡无奇的一天，《圣克鲁兹哨兵报》（*Santa Cruz Sentinel*）的头版标题是"知名社会心理学家埃利奥特·阿伦森离开加州大学圣克鲁兹分校前往斯坦福"。新闻报道开篇说道："斯坦福大学抢走了令人尊敬的心理学教授和作家埃利奥特·阿伦森，现在他与加州大学圣克鲁兹分校没有任何瓜葛了。加州大学圣克鲁兹分校心理学系以经费紧张为由，终止了和阿伦森的合作。这位半退休的教授可以称得上现今美国健在的最伟大的社会心理学家。"报道无可挑剔，但也没能抚慰我内心的悲伤。我离开了任教 25 年的大学，离开了那些思想活跃却又乐于接受教导的学生们。我是多么喜欢他们啊！

斯坦福大学心理学系竭力为我营造家的氛围，随便我开设什么课程。我选择讲授"社会影响"，这是我在哈佛大学担任助理教授时讲授的第一门课程。那时我还是个菜鸟，紧张得不行。该课程吸引了许多学生，包括来自不同学科的本科生和研究生。40年前，我的社会心理学家之旅在此起步，如今又将此地作为教学生涯的终点，<u>丝丝甜蜜和知足之情充溢心间</u>。但我并未将其视为自己人生某一个时代的结束，而是看作一个新的开始。毕竟在讲台上一直站到95岁的梦想可能会实现！

Not By Chance Alone

第 10 章

人生犹如过山车
■ 怎样对待人生中的不完美

  我已经坐了78年过山车,每一段经历我都喜欢。有时骤然坠落,比如失明和有所失时;有时欢欣鼓舞,比如获得重要的科学发现时。如果非要我选择最喜欢的一段,我会说:此时此刻。

第 10 章　人生犹如过山车 ▪ 怎样对待人生中的不完美

2000 年秋天的一个早晨，我从睡梦中醒来，眼前一片朦胧。我想自己终究是老了，也许该去配一副眼镜了。于是我去看眼科医生。瞳孔扩大后，医生仔细检查了我的视网膜，然后叹了口气，神色凝重地摇摇头说："眼镜恐怕对你并无帮助。"他将我转给了一位专家，我才得知自己患了一种叫黄斑变性的罕见眼科疾病，并且无药可治。专家补充说，我可能会失去所有的中心视力。但幸运的话，情况也许不会那么糟。

突如其来的失明

接下来的 4 年里，每隔几个月我都要经历一次急剧的视力下降。每当撞到家具、被人行道上的缝隙绊倒或是几乎没法看书时，我都犹如挨了重重的一击，难以自控。但我尽最大努力调整自己的心态和生活习惯，走路更慢一些，凡事更专心一些，将电脑上的字体放大一些，慢慢习惯了眼中的模糊版世界，越来越像印象派画家笔下的浓雾天了。

每次我会说："嗨，我能应付。只要视力不会变得更糟，我就没事。"然而几个月之后，我的视力再一次急剧下降。我再次进行自我调适：将电脑字体放大到视力表上最大的"E"那么大；练习拄着拐杖上下台阶，规避路障。我还专门了解了针对盲人的电脑新技术。朋友和同事们不断给我打气、出主意。只要读到任何相关治疗取得突破性成果的消息，他们都会及时告知我。可惜我这种黄斑变性直到现在都无法医治。到了2004年，我的视力跌至谷底，我完全失去了中心视力。这可以说是个好消息，因为不会出现比这更糟的情况了；也可以说是个坏消息，因为这就是最糟的情况。

在黑暗而扭曲的世界里生活，让我陷入了极度的恐慌之中。我首先考虑的是如何处理斯坦福大学的教学工作。我一直在修订讲义，用大号字打印出来。随着视力的不断下降，讲义的字号也越来越大。但双眼失明后，我根本没法阅读讲义，更不用说看到学生的表情，揣摩他们的反应了。在那段绝望的日子里，我相信自己根本无法按照自己的要求继续教学，于是就辞职了。后来我意识到这是一个草率的决定，因为自那以后，我就开始训练自己讲课时不用讲义。

我仍旧能靠边缘视力看到一点东西，但25厘米以外的人就没法认出来了。我必须凑得很近才能看清楚是谁在跟我说话，偶尔会显得很失礼：本以为是一位朋友，猛然发现自己与一个陌生人面对面紧挨着，于是两人都带着窘迫迅速退后。当四个可爱的小孙女来家里时，这份无奈

第10章 人生犹如过山车 ■ 怎样对待人生中的不完美

表现得最为厉害，我根本没法将她们区分开来，每每想到这件事便令我伤心不已。这样的体验，加上扭曲而陌生的环境带来的焦虑，似乎令我儿时腼腆的性格死灰复燃。可我原以为自己成年后已经成功克服了内向的毛病。

以前我把失明想得太简单，以为就是视力严重减退而已，事实远非如此。我不仅看不见眼前的事物，还常常看见不在眼前的事物。有几年，我眼前会无缘无故地浮现希伯来语单词，仿佛就印在我前方的一面墙上，而且还不是祈祷书上的普通式样，而是印在《托拉》上的华丽式样，就像精美的手写艺术品。我印象最深刻的是 timshel，意思是"你可以"。直到今天，每隔两三分钟，就仿佛有一束强光射向我的眼睛。这恼人的视觉先兆需要富有创造力的应对技能。起先我尝试自嘲，假装自己被狗仔队盯上了，因此到处是闪光灯，后来就慢慢习惯了。

如果我已从哥哥贾森那里学有所得，此时就绝对不能抱怨这一手烂牌，而是要尽自己所能打好这副牌。我一直试图这样行事，既没有走向否认一切的极端，也没有迈向沉迷于自我怜悯的另一个极端。像我这样的"害羞之人"，若是在飞机场或不熟悉的城市迷了路，也不得不开口求助陌生人，这当然不是什么好笑的事情。作为一个学者，不能浏览期刊论文，不能阅读自己感兴趣的内容，这也不好笑。但是幽默，混合着一点失调的减少，帮助我度过了最难挨的日子。一则古老的犹太笑话恰好能表达我的感受：

两位老朋友在街上相遇。"嘿，杰克，"索尔喊道，"得了关节炎和癌症以后，你感觉如何？"

"很可怕，但并不太糟。"

每次我的视力下降，自我调适的方法之一就是弱化无法再做之事的重要性（我才不喜欢参加鸡尾酒会、写期刊文章呢），同时关注自己能做之事，比如与朋友们交谈，聆听有声读物。在街上向陌生人求助对我来说已不是难事，因为我知道大多数人都会耐心而友好地帮助我。就算我再也没法接住棒球，甚至连球都看不到了，我还能跑。我可以一大早到海边的沙滩上去跑步，这样就不用担心会绊倒正在学步的小孩子。

盲人作家

我退休的一个主要原因是想为普通读者写更多的书。实际上我也这么做了，直到无力阅读和编辑自己的作品为止。因为这时一个人写作对我而言已变得十分乏味（该死的光标到哪里去了？）。以前我喜欢和同事合写，但如今自己无法阅读，就得采取更新、更多样的合作方式。我先和合作者谈论彼此的观点，并加以论证和反驳。初稿出来之后，对方大声朗读给我听。面对面的口语交流不但有利于观点的讨论，也完善了书中的语言表达，因为聆听比阅读更容易发现错误。我建议所有作者对自己的作品既要浏览，也要聆听，没失明也可以这么做。通过这种方式，我和两个儿子——哈尔和乔舒亚，合作修订了三遍《社会性动物》。

我失明之后尝试写的第一本书是和朋友兼同事卡罗尔·塔夫里斯（Carol Tarris）合写的《谁会认错》（*Mistakes Were Made: But Not by Me*）。卡罗尔是心理学界最有才华的作家之一，竟也惊喜地发现口语交流对提高作品质量大有裨益。这本书对我意义非凡，它是向我的挚友和导师利昂·费斯廷格致敬之作。1957年，我极不情愿地阅读了《认知失调理论》的手稿，从此改变了我的人生。费斯廷格是伟大的科学家，但却毫无兴趣将理论运用于改善人类的生活状况。

为什么那么多人做了害人的事、愚蠢的事、弄巧成拙的事或残忍的事，晚上仍旧能够安然入梦？在《谁会认错》一书中，我们用失调理论对此现象进行解释。比如，为什么这么多检察官不承认那些证明他们错将无辜者送进监狱的DNA证据；为什么一些医生明明采用了会对病人产生副作用的过时疗法，依然可以为自己开脱；为什么大多数科学家拿了产业机构的钱，却能自我说服认为自己的研究结果不会受其影响；为什么这么多有纷争的夫妇（和国家）不能从对方的角度看问题。我总认为认知失调理论是强大的理论，不应该只待在实验室里。从某种意义上来说，是我和卡罗尔死活将费斯廷格拽到了现实世界里来。该书于2007年出版，距《认知失调理论》一书出版整整50年。

我的孩子们

后来我总算明白了，自己只是失去了视力，并没有失去洞察力。第一个让我意识到这一点的是孙女露丝。2003年她6岁，那时我已近乎双目失明。露丝虽然很聪明，但在阅读方面有些障碍，总找不到阅读的诀窍。老师在学年临近结束时说，如果露丝一直学不会阅读，就得重上一次一年级。可是我自己都快瞎了，该怎样帮助露丝提高阅读技能呢？

讲故事显然是个好法子。露丝总是央求我给她讲故事，我都是现编现讲，因此从未讲过重复的故事。于是这次她让我讲故事时，我提出两个人一起编故事。露丝听后很是兴奋。我对她说："我记性差，所以我们一边编故事，一边把它记录下来，这样如果暂停下来去做别的事情，回来时就不会忘记先前讲到哪里了。"我抽出一叠 127 毫米 × 177 毫米的卡片，我们一边编故事，一边小心地用印刷体将单词写在卡片上。当然，我看东西很吃力，因此必须将字母写得又大又粗，一张卡片上只能写四五个单词。这一老一少，一个不会阅读，另一个连特大号的字都难以辨认，就这样一起忙乎着。

露丝问我是否可以讲述我还是小男孩时候的故事，而且她执意要在故事里担任主人公。我好奇地问："你怎么可能在自己出生前的故事中担任角色呢？"

"嗨，爷爷，你可以编点什么呀。"她说得很对，看来我是线性思维。于是新书《小露丝和一个叫作爷爷的小男孩的奇遇》(The Adventures of Ruthie and a Little Boy Named Grandpa) 诞生了。我们的故事完全是《糖果屋历险记》(Hansel and Gretel) 和《杰克与魔豆》(Jack and the Beanstalk) 的结合体。这些传统童话里的老太太和巨人最后都改邪归正了。由于对那两个原创故事了解甚少，小爷爷在我们的故事中既多疑又不果敢；而露丝则总是信赖别人，又敢于冒险。

写完几张卡片后，我跟露丝说，我想再看一下我们是如何描述老太太的。于是对她提出要求："请翻翻这些卡片，找找老太太第一次出场是什么时候。怎样找到写有老太太的卡片呢？'老'（old）的第一个字母

'O'是一个圆圈，因此你要找以圆圈开头的单词。"露丝找到了。几分钟后，我又让她找写有单词"炉子"（oven）的卡片。我说："这个单词开头的字母也是一个圆圈，但在圆圈后面的是字母'V'，看上去像一个向下指的箭头。"我们就像在完成一项轻松有趣的任务，没人给她压力，这些任务激励着露丝努力寻找那些字母。而这些字母先前对她而言没任何意义，也弄不清楚。

不过几天时间，露丝就能阅读完整的句子了。一个月后，阅读障碍就消失了。当然，如果没有我的帮助，她最终也能学会阅读。但对我和露丝来说，虽然理由各异，俩人都觉得共度的这一周时光令人难忘。于是我自费出版了这个故事，作者就是我和露丝。这本小书总能勾起我对这段甜蜜时光的回忆，它是我最喜欢的教学经历之一。

并不是因为我和孙子孙女们住得很近，彼此间才建立了很深的感情。回顾一生时，我才清楚地发现，家庭成员亲密无间是偶然事件和刻意安排相互交织的结果。移居圣克鲁兹乃刻意为之，如果我们把家安在美丽宜人之处，孩子们就愿意把小家庭建在附近。不过，正当我和薇拉决定离开得州时，加州大学圣克鲁兹分校刚好在找有我这样能力和经历的教授，这就纯属偶然了。这么多年过去了，哈尔、尼尔和朱莉各自的小家庭一直安在圣克鲁兹或其附近地方，乔舒亚和他的家人也总是尽力找机会来看望我们。

我们的孩子没有像很多同龄人那样受到毒品和叛逆的蛊惑，对此我和薇拉在想，这到底是偶然，还是归功于我们培养孩子的方式？我们采取的方式应该称作"警觉的不干涉主义"。我们极力避免干涉孩子们的私人生活，但鼓励他们和我们讨论跟他们有关的任何问题。即便这样，他们依然对自己经历的险情、不幸和伤心事守口如瓶，事隔多年后才会告诉我们。

我们曾对孩子们说，如果卧室门锁上了，就意味着我们不想被打扰，除非他们需要我们开车带他们去看急诊。朱莉三十多岁时，有一次饶有趣味地告诉我们："我三岁那年，有一次在你们卧室门外坐了一个小时，只是希望你们听到我在抽泣！"更为严重的是，最近乔舒亚才告诉我们，有整整一年时间他的四年级老师都跟他过不去。乔舒亚抱怨说："我真希望你们早就知道这件事。"也许我们应该多一些警觉，少一些不干涉主义。但所有孩子最后都找到了自己的人生道路，原谅了父母的错误和疏忽，并且和我们保持着亲密的关系，他们彼此之间的感情也很好。

每个孩子成年后都选择了自己喜爱的工作，但在选择职业时都拥有一个坚定的信念：为公共谋福利才是快乐的人生。哈尔成为一位环境社会学家和太阳能专家，还培训少数族裔的青少年、失业的承包商和汽车工人，帮助他们成为前景广阔的技术能手；尼尔当上了消防队员，能够第一时间将人们从火灾、车祸和地震现场营救出来；朱莉从事教育顾问工作，推广和评估中小学创新计划；乔舒亚成为一位社会心理学教授。往事在脑海中一一浮现，当我忆起詹森到加州大学圣克鲁兹分校作报告那一段时，不禁微笑起来。此事发生在乔舒亚去那里念书的前几年。如今，乔舒亚从事有关发展干预的创新研究，提高了最弱势少数族裔的成就动机和学习成绩。他的研究对詹森的错误观点予以有力的回击，远比当时我和其他人的反驳来得有效。

人生犹如过山车

几年前，我和薇拉设法联系上了老朋友迪克·阿尔伯特。一次严重的中风导致迪克说话不太利索，并且半身不遂。我们约好在一家饭店见面，他坐在轮椅上，我拄着白色的拐杖，颤颤巍巍地走过去。也许是出于好奇，想看看一个盲老头和一个老瘸子会说些什么，或许是认出了巴巴·拉姆·达斯，服务生们始终在我们桌子旁转悠，偷听我们的谈话。我们谈论彼此在人生路上的诸多交集，谈论他的宗教信仰和我的怀疑主义，谈论他从发展心理学家到精神领袖的转变。分手前，迪克温和地问我："你怎么样呢，埃利奥特？打算作为一位社会心理学家离开人生舞台吗？"我毫不犹豫地回答："我根本不打算离开！"他满脸放光，费了好大劲才拉住我的手。我以为他想跟我握手，没想到他将我的手举到唇边吻了吻。

我和薇拉走出饭店，目送司机将迪克的轮椅推上斜坡，推进了面包车。他看上去脆弱而无助，但仍是我认识了大半生的那位聪明、迷人，具有非凡能力的家伙。我赞赏他应对中风后遗症的勇气。人生就像过山车，我想。

我12岁时，贾森第一次带我去里维尔海滩坐过山车。虽然之前一年多的时间里，我都缠着他带我坐过山车，但过山车真正开动的那一刻，我却觉得万分恐惧。贾森是坐过30多次过山车的老手，他安慰我说不用害怕。他又说对了，这真是一次十分刺激的经历。下车后，我问他："你最喜欢哪一段？"

"你最喜欢哪一段呢？"他反问道。

"我讨厌你这么做！"我说。

他笑问道："做什么？"

"我也讨厌你这么做！"我叫道。

我很烦他，决定沉默以对。可我太想跟人分享这份体验了，沉默维持了三四秒，我忍不住开口了："我最喜欢骤然降落之后突然上升的那一段，太刺激了，觉得心都跳到嗓子眼了。"

"我懂你的意思，"贾森说，"那也是我以前最喜欢的一段。但你知道吗？坐过几次过山车后，我突然醒悟，我之所以没法享受其余的路程，是因为我只等待那一时刻的到来。之后我跟自己开了个玩笑，假设自己最喜欢开始冲下陡坡的那一刹那。于是发现我总是在等待那一时刻的来临，而忽略了其他路程的美妙。我又往后退一段，假设自己最喜欢爬坡那一段……终于，我发现选择最喜欢的一段其实是很愚蠢的，因为每一段都是过山车行驶中不可或缺的环节——上下起伏，爬上去、落下来，缓缓地转弯，又骤然扭转，这些都是过山车行驶中的一部分。"

哥哥说这番话时才 14 岁。现在细细体会他的话，我认为哥哥可能是在用过山车来比喻人生，虽然他当时未必意识到这一点。

我已经坐了 78 年过山车，到底最喜欢哪一段呢？正如 14 岁的导师教导的那样，我没有最喜欢的一段。换言之，每一段我都喜欢，有时骤然坠落，比如失明和有所失时；有时欢欣鼓舞，比如做了一场精彩的讲座，或者获得了重要的科学发现时。无论是对妻儿、朋友的关爱还是被他们所爱，都能让我感到无限温暖。如果非要我选择最喜欢的一段，我会说：此时此刻。而且我猜想在人生道路的任何阶段，我都会如是说。

Not By Chance Alone
译者后记

本书忠实地记录了一位社会心理学大师精彩而辉煌的学术生涯和人生历程。作者幽默而不失清新的笔调，感人至深的个人奋斗故事，加之对一系列经典实验案例缜密而透彻的阐述，令人不忍释卷。

作者埃利奥特·阿伦森在美国心理协会一百多年的历史中，是唯一一位获得教学、科研和写作三项最高奖项的学者；他的经典著作《社会性动物》在全世界销量逾千万册；他的经典实验研究涉及认知失调、态度改变、人际吸引等多个领域；他所设计的拼图式合作学习法对减少种族偏见具有重要意义。有人说，如果社会心理学有诺贝尔奖的话，那么阿伦森肯定是第一位获奖者。也有人说，他是当今美国健在的最伟大的社会心理学家。在20世纪100位心理学大师的榜单上，阿伦森赫然在列。同时上榜的还有他的三位导师：马斯洛、麦克莱兰和费斯廷格。

也许我们会感慨，机遇太偏爱阿伦森了。的确，他自己也不否认命运的格外垂青：一帆风顺的职业生涯，诸多大师的提点，美满的家庭，可敬的同行和挚友，可爱的学生。然而，阿伦森的成功更多来自他个人对机遇的把握和积极的人生信仰。阿伦森的人生轨迹是对"美国梦"的最好诠释：只要自己足够勤奋和努力，就一定会得到老天的眷顾。贫穷而缺乏良好教养的家庭、备受歧视的犹太人身份、内向的性格和并不出众的资质，都曾让年幼的阿伦森自卑不已。然而，大学生活为他打开了希望之门。在马斯洛的提点和自己的领悟下，阿伦森找到了无比挚爱并愿意奋斗终生的事业——社会心理学。他笃信，每个人在环境和自身努力的改变下，都可以拥有更加美好的明天。他做到了，也激励着他的学生和所有的读者，相信自己，努力创造属于自己的辉煌。

与此同时，阿伦森始终相信，社会心理学理论与社会现实关系紧密，可以解决一些社会问题，为人类造福。他通过自己严谨的治学努力和悲天悯人之心，积极地影响社会，为社会的良性发展和人们更美好的生活奉献良多。

自传的另一条主线是对亲情的讴歌和眷念。难舍的亲情是阿伦森人生奋斗的源泉。父亲和哥哥的早逝曾令阿伦森备受打击。哥哥贾森与他的关系，亦兄、亦父、亦友，那份浓情在阿伦森的笔下尤其令人动容。看到哥哥贾森英年早逝那一章时，译者不禁热泪盈眶，深深体会到阿伦森当时的心痛和悲哀。至亲的相继去世让阿伦森深刻认识到生命的无常，使他在以后的人生里珍惜分分秒秒，努力为事业和家人打拼，最终成为一位社会心理学大师、一位完美的丈夫和父亲。

全书将作者自己的人生故事、学术成就、社会心理学的重要人物和理论，以及20世纪美国重大历史事件交织在一起。对学界人士而言，能够从此书一窥美国社会心理学60年的发展脉络；对普通读者来说，阅读此书能感受一位学术大师严谨的治学态度、高尚的心灵和不凡的人生经历，悟出隽永深邃的人生哲理。

  本书的翻译工作得到了不少人的关心和帮助，译者感激之情难以言表。首先感谢我的导师周晓虹教授，是他为我牵线翻译此书，让我有机会如此近距离地聆听一位智者的感人心声。感谢沈敏和李雪君夫妇、吕丽春、余淼、彭剑、孙庆、郑乔尹、陈剑梅、刘玉兰等诸位给予译者的指导和帮助。还有我12岁的儿子芃芃，在体育术语翻译方面给予了莫大的帮助。感谢父母和先生的理解和支持。译者水平有限，不当之处恳请读者批评指正。

沈捷

未来，属于终身学习者

我们正在亲历前所未有的变革——互联网改变了信息传递的方式，指数级技术快速发展并颠覆商业世界，人工智能正在侵占越来越多的人类领地。

面对这些变化，我们需要问自己：未来需要什么样的人才？

答案是，成为终身学习者。终身学习意味着永不停歇地追求全面的知识结构、强大的逻辑思考能力和敏锐的感知力。这是一种能够在不断变化中随时重建、更新认知体系的能力。阅读，无疑是帮助我们提高这种能力的最佳途径。

在充满不确定性的时代，答案并不总是简单地出现在书本之中。"读万卷书"不仅要亲自阅读、广泛阅读，也需要我们深入探索好书的内部世界，让知识不再局限于书本之中。

湛庐阅读 App: 与最聪明的人共同进化

我们现在推出全新的湛庐阅读 App，它将成为您在书本之外，践行终身学习的场所。

- 不用考虑"读什么"。这里汇集了湛庐所有纸质书、电子书、有声书和各种阅读服务。
- 可以学习"怎么读"。我们提供包括课程、精读班和讲书在内的全方位阅读解决方案。
- 谁来领读？您能最先了解到作者、译者、专家等大咖的前沿洞见，他们是高质量思想的源泉。
- 与谁共读？您将加入优秀的读者和终身学习者的行列，他们对阅读和学习具有持久的热情和源源不断的动力。

在湛庐阅读 App 首页，编辑为您精选了经典书目和优质音视频内容，每天早、中、晚更新，满足您不间断的阅读需求。

【特别专题】【主题书单】【人物特写】等原创专栏，提供专业、深度的解读和选书参考，回应社会议题，是您了解湛庐近千位重要作者思想的独家渠道。

在每本图书的详情页，您将通过深度导读栏目【专家视点】【深度访谈】和【书评】读懂、读透一本好书。

通过这个不设限的学习平台，您在任何时间、任何地点都能获得有价值的思想，并通过阅读实现终身学习。我们邀您共建一个与最聪明的人共同进化的社区，使其成为先进思想交汇的聚集地，这正是我们的使命和价值所在。

CHEERS

湛庐阅读 App
使用指南

读什么
- 纸质书
- 电子书
- 有声书

怎么读
- 课程
- 精读班
- 讲书
- 测一测
- 参考文献
- 图片资料

与谁共读
- 主题书单
- 特别专题
- 人物特写
- 日更专栏
- 编辑推荐

谁来领读
- 专家视点
- 深度访谈
- 书评
- 精彩视频

HERE COMES EVERYBODY

下载湛庐阅读 App
一站获取阅读服务

版权所有，侵权必究
本书法律顾问　北京市盈科律师事务所　崔爽律师

Not by Chance Alone: My Life as a Social Psychologist by Elliot Aronson
Copyright © 2010 by Elliot Aronson
Simplified Chinese Translation Copyright © 2024 by BEIJING CHEERS BOOKS LTD.
Published by arrangement with Basic Book, a member of Perseus Books Group through Bardon-Chinese Media Agency.
All rights reserved.

浙江省版权局图字：11-2023-467

本书中文简体字版经授权在中华人民共和国境内独家出版发行。未经出版者书面许可，不得以任何方式抄袭、复制或节录本书中的任何部分。

图书在版编目（CIP）数据

阿伦森自传 /（美）埃利奥特·阿伦森著；沈捷译. — 杭州：浙江科学技术出版社，2024.2
ISBN 978-7-5739-0961-9

Ⅰ.①阿…　Ⅱ.①埃…②沈…　Ⅲ.①埃利奥特·阿伦森—自传　Ⅳ.① K837.125.1

中国国家版本馆 CIP 数据核字（2023）第 239441 号

书　　名	阿伦森自传
著　　者	[美]埃利奥特·阿伦森
译　　者	沈捷
出版发行	浙江科学技术出版社 地址：杭州市体育场路 347 号　邮政编码：310006 办公室电话：0571-85176593 销售部电话：0571-85062597 E-mail:zkpress@zkpress.com
印　　刷	天津中印联印务有限公司
开　　本	710mm×965mm　1/16　　　印　张　19.5
字　　数	241 千字
版　　次	2024 年 2 月第 1 版　　　　　印　次　2024 年 2 月第 1 次印刷
书　　号	ISBN 978-7-5739-0961-9　　　定　价　89.90 元

责任编辑　柳丽敏　　　　　　　责任美编　金　晖
责任校对　张　宁　　　　　　　责任印务　田　文